Hans Peter Roentgen

Spannung

Der Unterleib der Literatur

Bibliografische Information der Deutschen Nationalbibliothek: Die Deutsche Nationalbibliothek verzeichnet diese Publikation in der Deutschen Nationalbibliografie; detaillierte bibliografische Daten sind im Internet über www.dnb.de abrufbar.

Impressum
Copyright (C) Hans Peter Roentgen
2. Auflage 2016

Herstellung und Verlag:
BoD – Books on Demand, Norderstedt
Umschlaggestaltung
Mascha Vassena (http://maschavassena.ch.vu/)
ISBN 978-3-734735325

Inhaltsverzeichnis

Einleitung ... 7
I. Die Grundlagen: ... 9
Beispiel: Hiobs Brüder ... 9
Spannungsbogen und Konflikt ... 13
Emotionen ... 16
Spannung ist der Unterleib der Literatur ... 17
II. Beispiele ... 19
Beispiel: Spuckattacke ... 19
   Lektorat: Spuckattacke ... 25
Zwölf Lösungen sind leichter als eine ... 30
Antagonisten ... 33
   Beispiel: Rebellen ... 34
   Lektorat: Rebellen ... 37
Protagonisten ... 40
   Beispiel: Hetzjagd ... 41
   Lektorat: Hetzjagd ... 44
Motive und Ziele ... 47
   Beispiel: Menschen ... 49
   Lektorat: Menschen ... 52
Personen erschaffen ... 57
   Beispiel: Feuerdämon ... 59
   Lektorat: Feuerdämon ... 64
Geheimnis und Perspektive ... 68
   Beispiel: Das Haus ... 69
   Lektorat: Das Haus ... 73
   Beispiel: Luca und Sophie ... 77
   Lektorat: Lucca und Sophie ... 81
Nach vorne erzählen ... 85
   Beispiel: Regenzeitversuchung ... 86
   Lektorat: Regenzeitversuchung ... 89
Das Übliche und das Besondere ... 95

Beispiel: 2026 – Das Testament des Senators 95
Lektorat: 2026 – das Testament des Senators 97
Kürzen und erweitern 103
    Beispiel: Dunkelheit 103
    Lektorat: Dunkelheit 106
III. Beispiele aus erfolgreichen Büchern 113
    Beispiel: Wenn es dämmert, Zoë Beck 113
    Besprechung: Wenn es dämmert 114
    Beispiel: Der siebte Tag, Nika Lubitsch 117
    Besprechung: Der siebte Tag 118
    Beispiel: Rauklands Sohn, Jordis Lank 120
    Besprechung: Rauklands Sohn 124
IV. Praktische Hilfen 127
    Der Kampf zwischen innerem Kind und innerem Zensor 127
    Lesererwartungen 128
    Testleser und Schreibworkshops 130
V. Die Checklisten 132
    Checkliste: Die sechs Stellschrauben der Spannung (Spannungslupe) 134
    Checkliste: Konflikt und Personen 135
    Checkliste: Plot und Handlung 138
    Checkliste: Spannungsbogen 141
    Checkliste: Merksätze 144
    Alles okay – was nun? 146
VI. Interviews 148
    Wenn die Figurenkonstellation nicht stimmt, dann war's das mit der Spannung (Zoë Beck) ... 148
    Spannung ist der Grund, warum man eine Geschichte erzählt (Andreas Eschbach) ... 156
    Ein guter historischer Roman braucht Spannung dringender als ein Krimi (Rebecca Gablé) . 165

Reichen die Konflikte, um interessant zu sein?
(Nina George) 171
Am wichtigsten ist, dass dem Leser die Figuren
nicht egal sind (Ursula Poznanski) 184
VII. Nachwort 188
Anhang 189
   Alphabetisches Verzeichnis der Textbeispiele 189
   Lexikon der Fachbegriffe 190
   Literaturverzeichnis 217
   Linklisten 220
   Danksagung 224
   Über den Autor 226
   Lektorate & Kurse 227
   Weitere Bücher des Autors 228
      Vier Seiten für ein Halleluja 228
      Drei Seiten für ein Exposé 229
      Schreiben ist nichts für Feiglinge 230
Index 231

Einleitung

»Aus Fehlern wird man klug«, sagt eine alte Lebensweisheit, und das gilt auch und besonders in der Literatur. Aus Fehlern lernt man eine ganze Menge, aus eigenen und denen anderer Autoren. Deshalb diskutiere ich seit vielen Jahren im Newsletter »The Tempest« Szenen und zeige, wie man sie verbessern kann. Denn Nachwuchsautoren nützen das Potenzial ihrer Geschichten in der Regel nicht.

Spannend soll ein Buch sein, das wünschen sich die Leser, und Autorinnen und Autoren möchten spannend schreiben. Das gilt nicht nur für Krimis und Thriller, sondern auch für den Fantasy-, Liebes- und historischen Roman.

Doch wie erreicht man das? Viele Rezepte finden sich dazu im Internet, von der Heldenreise über das Dreiaktmodell bis hin zur Figurenentwicklung.

Ich möchte nicht die Zahl der Ratschläge vermehren; viele davon sind nützlich, leider nicht alle. Im vorliegenden Ratgeber will ich einen anderen Weg wählen.

Ich bespreche Texte, die noch nicht veröffentlicht, noch nicht fertig sind und zeige, wo es an Spannung fehlt und wie Sie das ändern können. Damit will ich Ihr Gefühl für Ihre Texte schärfen, damit Sie lernen, Texte spannender zu gestalten. Wie können Sie erkennen, ob Ihr Text lahmt? Mit welchen Techniken können Sie ihm Feuer unter dem Hintern machen? Darum geht es in diesem Buch.

Welche Techniken verwenden erfolgreiche Autoren? Auch das werden Sie an Beispielen sehen. Erfolgreiche Autoren haben mir die Erlaubnis gegeben, Szenen aus ihren Büchern zu veröffentlichen und zu kommentieren. Obendrein finden Sie Interviews der Bestsellerautoren Zoë Beck, Andreas Eschbach, Nina George, Ursula Poznanski zum Thema Spannung. Last but not least erklärt ein Lexikon all die Fachbegriffe, über die Sie schon immer gestolpert sind und die Ihnen niemand erklärt hat.

Aber vergessen Sie nicht: Schreiben lernen Sie wie Klavierspielen, Schwimmen und Fußballspielen. Dadurch, dass Sie es tun. Trockenschwimmkurse allein reichen nicht. Weder das Lesen guter Texte, noch das von Schreibratgebern reicht aus. Schreiben Sie deshalb! Schreiben Sie, soviel sie können! Schreiben Sie die Szenen in diesem Buch um! Was gefällt Ihnen gut, was nicht? Wie würden Sie diese Texte überarbeiten?

Ach ja, was ist eigentlich Spannung?

Es gibt verschiedene wissenschaftliche Theorien und Definitionen dazu, für unsere Zwecke soll eine ganz pragmatische genügen: Spannung ist, wenn der Leser einen Text nicht mehr weglegen kann. Weil er weiterlesen MUSS. Im Idealfall vergisst er sogar, dass es längst Schlafenszeit ist, kneift die Knie zusammen, weil er eigentlich auf die Toilette müsste. Aber das tut er nicht. Denn dazu müsste er den Text weglegen. So hat Andreas Eschbach dieses Phänomen geschildert, und er hat recht.

Natürlich ist das ein Idealfall. Die wenigsten Geschichten führen zu Blasenschäden.

Im E-Book sind die Fachbegriffe markiert. Wenn Sie darauf klicken, springen Sie ins Lexikon an die Stelle, an der der Begriff erklärt wird. Im Printbuch finden Sie am Schluss einen Index.

Und jetzt wünsche ich Ihnen viel Spaß und noch mehr Spannung beim Lesen.

I. Die Grundlagen:

Beginnen wir mit einer Szene der Erfolgsautorin Rebecca Gablé:

Beispiel: Hiobs Brüder

»*Sieh dich um, du Ausgeburt der Hölle*«, *knurrte der Mönch.* »*Wirf einen letzten Blick auf die Welt.*« *Unwillkürlich folgte Simon der Aufforderung, obwohl er sich so fest vorgenommen hatte, genau das nicht zu tun. Er blieb stehen, wandte sich um und blickte zurück über die rastlose, aufgewühlte See. Der Wind fuhr ihm ruppig durch die Haare und wehte ihm eine Strähne ins Auge, aber der Junge konnte nichts tun, um sie zurückzustreichen, denn die Brüder hatten ihm die Hände auf dem Rücken gefesselt. Anscheinend fürchteten sie, der fünfzehnjährige, schilfdünne Knabe sei in der Lage, es mit vier gestandenen Benediktinern gleichzeitig aufzunehmen.*

Ein Sonnenstrahl brach durch die bleifarbene Wolkendecke und tauchte das Meer und die flache Küste des Festlandes drüben in ein gleißendes, geradezu unirdisches Licht. Simon sah das Heidekraut aufleuchten, und der Turm der Klosterkirche, der eigentlich gedrungen und hässlich war, wirkte mit einem Mal filigran und schimmerte wie Elfenbein. Eine kleine Schafherde graste dicht zusammengedrängt unweit der klösterlichen Obstwiesen. Wie gelbe Wollflocken wirkten die Tiere aus der Ferne. Dann schob sich eine der schweren Wolken vor die Sonne, und das einsam gelegene St.-Pancras-Kloster versank wieder im Zwielicht.

Nicht gerade überwältigend, hätte Simon gern gesagt, um der Welt, die ihn ausstieß, zu bekunden, dass er gut auf sie verzichten könne. Doch nicht einmal zu dieser trotzigen Lüge bekam er Gelegenheit, denn die Brüder hatten ihn geknebelt, damit er sie nicht verfluchen konnte.

Der alte Mönch mit dem Glatzkopf und den weißen Haarbüscheln in den Nasenlöchern, der sich während des Exorzismus so in Rage gebetet hatte, dass er irgendwann ohnmächtig zusammengebrochen war, stieß den Jungen mit seinem knorrigen Gehstock zwischen die Schulterblätter.
»Vorwärts!«
Simon kehrte der Welt den Rücken.
Das kleine, aber stabile Ruderboot, mit welchem die Brüder ihn hergebracht hatten, schaukelte auf den kurzen Wellen. Mit zwei dicken Leinen war es am Anlegesteg vertäut. Vermutlich graute den wackeren Brüdern davor, ihr Bötchen könne abtreiben und sie hier stranden, nahm Simon an.
Keine dreißig Schritte vom Bootssteg entfernt erhob sich ein Palisadenzaun mit einem mächtigen hölzernen Torhaus, »Der Schlüssel, Bruder Martin«, drängte der mit den Nasenhaaren. Es klang ungeduldig und ein bisschen nervös.
Sie hatten wirklich Angst vor ihm, wusste Simon. Jetzt ganz besonders. Sie fürchteten, im letzten Augenblick könne noch irgendetwas schiefgehen, könne er sich mithilfe der finsteren Mächte, die ihm innewohnten, befreien und sie alle niederstrecken oder in Regenwürmer verwandeln. Bruder Nasenhaar hielt seinen Eschenstock einsatzbereit hoch, und die hellen Augen strahlten unnatürlich. »Nun mach endlich«, drängte er seinen Mitbruder.
Der nahm den größten Schlüssel, den Simon je im Leben gesehen hatte, vom Gürtel und steckte ihn in ein ebenfalls riesiges, schwarzes Vorhängeschloss. Erst als dessen Bolzen aus einer rostigen Öse gezogen war, konnten die beiden anderen Brüder den mächtigen Eisenriegel hochstemmen, der das Tor versperrte. Solche Schließkonstruktionen gehörten natürlich eigentlich auf die Innenseite eines Burgtors.
Aber hier war eben alles anders.
Die beiden jungen Mönche mussten ihre gesamte Kraft aufbieten, um einen der schweren Torflügel weit genug zu öffnen. Als der Spalt so breit wie ein Mann war, traf Simon ein tückischer Stoß mit dem Stockende in den Nacken, er torkelte über die Schwelle und fiel auf die harte Erde. Da er seinen

Sturz nicht mit den Händen abfangen konnte, landete er auf der Brust, und für einen Moment konnte er sich nicht rühren. Als er Bruder Nasenhaar brummen hörte: »Gott sei dir gnädig, Söhnchen«, fuhr sein Kopf herum, aber schon schlug das Tor hallend zu.
Simon wälzte sich auf die Seite, spürte eiskalten Schlamm unter der Wange und weinte.
Aus: Hiobs Brüder
Copyright © 2009 by Rebecca Gablé und Bastei Lübbe GmbH & Co. KG, ISBN 978-3404160693

Rebecca Gablé ist eine erfahrene Autorin, die schon zahlreiche, sehr erfolgreiche Romane veröffentlicht hat. Seien Sie also nicht enttäuscht, wenn Ihnen vergleichbare Szenen nicht auf Anhieb gelingen.

Aber auch, wenn Sie (noch) nicht so schreiben können, gibt es einiges, was Sie aus dieser Szene lernen können.

Zunächst gibt es einen klaren Konflikt. Vier Benediktinermönche bringen einen jungen Mann gegen dessen Willen auf eine Insel.

Die Einzelheiten erfahren wir nach und nach. Erst, dass die Mönche ihn für eine Ausgeburt der Hölle halten. Dann, dass er auf eine Insel gebracht wird. Die Autorin sagt aber nicht einfach: Die Mönche brachten ihn auf eine Insel. Sie folgt vielmehr der Handlung. Der Mönch ermahnt Simon, noch einmal zurückzuschauen, Simon tut das gegen seinen Willen und was er dabei sieht, zeigt uns Lesern, dass wir auf einer Insel sind. **Das ist ein Trick, den Sie sich unbedingt merken sollten: Dinge dem Leser nicht einfach zu erklären, sondern die Szene so aufbauen, dass der Leser durch die Handlung etwas erfährt.**

Simon würde gerne etwas sagen – doch das kann er nicht, weil er einen Knebel im Mund hat. Den haben ihm die Mönche verpasst, damit er sie nicht verfluchen kann. Wieder ist es der Fortgang der Handlung, der dem Leser etwas verrät, und zwar zwei Dinge: den Knebel und die Angst der Mönche.

Dann wird ein mächtiges Schloss aufgeschlossen, ein riesiger Eisenriegel hochgehoben. Und der Mönch schlägt Simon seinen Stock in den Rücken, sodass er in den Innenhof fällt. Der Konflikt steigert sich also im Laufe der Szene. Was wissen wir überhaupt über diesen Konflikt? Nicht viel. Die Autorin erzählt nur, was im Moment geschieht und streut ab und zu Hintergrundinformationen ein. Allerdings sind diese kurz. Ein Halbsatz, etwa, dass der alte Mönch sich während des Exorzismus so in Rage gebetet hatte, dass er ohnmächtig wurde. Wieder ein Stück Handlung, dass uns etwas über die Geschichte sagt. Es gab einen Exorzismus, damit erhalten wir Informationen über die Vorgeschichte der Szene. Aber wieder nur ein Bruchstück. Welcher Exorzismus, warum überhaupt, was hat Simon getan, dass seinetwegen der Teufel ausgetrieben werden sollte? So stellen sich neue Fragen, die den Leser beschäftigen. Immer ein kleines Häppchen, das uns eine Frage beantwortet, gleichzeitig aber eine neue stellt. Auch das ein Trick, um den Leser bei der Stange zu halten.

Und was wissen wir über die handelnden Personen? Über Simon, der auf eine Insel gebracht wird und einen letzten Blick auf das Festland wirft, das er nie wiedersehen wird? Über die Mönche, die einen Fünfzehnjährigen fesseln und knebeln, weil sie Angst haben, er könnte sie verfluchen?

Nicht viel. Trotzdem hat der Leser den Eindruck, die Personen zu kennen.

Wie das?

Weil die Autorin ihre Personen gut kennt. Sie verrät nur wenig über sie, aber sie baut die Szene so auf, dass uns die Personen glaubwürdig und lebendig erscheinen. Auch das ist ein Trick: Wenn Sie Ihre Personen nicht richtig kennen, merkt der Leser das. Nämlich daran, ob die Szene Tiefe hat und glaubwürdig wirkt. Wenn der Autor die Personen nur flüchtig kennt, werden Szenen schnell schwammig, weil der Autor nicht recht weiß, wie seine Figuren reagieren werden.

Diese Szene ist aber nicht nur gut aufgebaut. Entscheidend ist auch, was alles nicht im Text steht.

Wir wissen nicht, wer Simon ist, wo er herkommt, warum die Mönche solche Angst vor ihm haben. Nichts darüber, warum er exorziert wurde. Die Autorin hat auch nicht ihre Geschichte interpretiert. Sie behauptet nicht: »Simon war traurig, dass er aus seiner alte Welt verstoßen wurde«, sie zeigt uns, was passiert, und überlässt es dem Leser, Rückschlüsse daraus zu ziehen.

Die Interpretation der eigenen Geschichte ist ein häufiger Fehler. Wir lernen in der Schule Textinterpretationen, und deshalb schreiben wir das in unseren Geschichten auch gerne. Ist das nicht ein Zeichen von literarischem Wert?

Nein, ist es nicht. Interpretationen haben ihren Platz in der Schule. Sie lehren, wie man zwischen den Zeilen liest, wie man Inhalte aus Texten zieht, die nicht explizit im Text stehen, die zu entdecken aber wichtig ist, um den Text zu verstehen.

Eben deshalb ist eine Interpretation der eigenen Geschichte tödlich! Überlassen Sie die Interpretation Ihrer Geschichte Ihren Lesern. **Merken Sie sich: In Geschichten ist nicht nur wichtig, was dort steht, genauso wichtig ist das, was dort nicht steht.** Denn das sind die Lücken, die der Leser füllen muss und darf, das sind die Rätsel und Fragen, die er gerne lösen möchte. Das ist der Stoff, aus dem Spannung entsteht. Wer den Mörder auf der ersten Seite preisgibt, darf sich nicht wundern, wenn die Leser sich nicht mehr für die Aufklärung des Falles interessieren.

Spannungsbogen und Konflikt

Schon Shakespeare wusste es: Um Leser und Zuschauer zu fesseln, benötigt der Autor vor allem eins: Konflikt! Und was ist ein Konflikt? Konflikt ist ein Knochen und zwei Hunde, hat der Altmeister der Spannung, Alfred Hitchcock, gesagt.

Bereits in der Steinzeit haben unsere Ahnen ums Feuer gesessen und denen gelauscht, die sie mit Geschichten fesselten und auf die Folter spannten. Und schon damals standen Konflikte im Mittelpunkt. Ob der Säbelzahntiger den Menschen frisst oder der Mensch den Tiger besiegt, ob der Held die

Götter bezwingt oder die Götter ihn bestrafen, ob der Clan neue Jagdgründe mit viel Wild findet und ob dort draußen in der Nacht die bösen Geister lauern. Falls der Erzähler aber sein Handwerk nicht verstand, hörte man ihm nicht mehr zu. Oder brachte ihn mit einem Knebel zum Schweigen wie Troubadix bei den Galliern. Heute schlagen wir in solchen Fällen das Buch zu.

Huren betreiben das älteste Gewerbe der Welt, heißt es. Doch das Gewerbe der Geschichtenerzähler dürfte genauso alt sein.

Spiele und Geschichten haben einen wichtigen Vorteil in der Evolution. Wir können Konflikte durchspielen, ohne dass wir uns ihnen real aussetzen müssen. Wir lernen mit Konflikten umzugehen, bevor wir sie real erleben. Und wir können die Frage »Was wäre, wenn ...« für alle möglichen Situationen durchexerzieren. Auch heute sind wir Menschen von Konflikten umgeben. Fliegt die pubertierende Tochter von der Schule? Werde ich entlassen, wenn die Firma verkauft wird? Kann ich den Beruf ergreifen, den ich so sehr anstrebe? Wenn ich krank werde, wer zahlt dann die Raten? Wird meine Mutter pflegebedürftig? Werde ich in der U-Bahn des Nachts zusammengeschlagen? Werde ...?

Konflikt hat mit Unsicherheit zu tun. Was wird passieren? Ich hoffe, dass es gut geht, aber ich weiß es nicht. Alle guten Geschichten setzen uns dieser Unsicherheit aus. Wir hoffen, dass es gut geht, wir wissen aus Erfahrung, dass die meisten Geschichten ein Happy End haben, aber wir können nicht sicher sein. Ein guter Autor ist ein Verunsicherer, sagt der Dramaturg und Drehbuchlehrer Oliver Schütte.

Wenn Sie mir nicht glauben, dass Konflikt das A und O der Spannung ist, dann dürfen Sie gerne einen Test machen. Erzählen Sie Ihren Freunden und Bekannten von einem absolut perfekten Urlaub. Das Wetter war toll, das Essen spitze, das Meer ruhig und friedlich, die Menschen cool, und keinerlei Lärm hat ihre nächtliche Ruhe gestört.

Und dann erzählen Sie von dem Urlaub, in dem alles schief ging. Ein Sturm hat den Campingplatz unter Wasser gesetzt, die Elektrik fiel aus, und die Zufahrtstraße stand unter Wasser. Die Fähre fuhr nicht mehr, und Sie hatten Ihrer Firma versprochen, dass Sie am nächsten Tag wieder am Arbeitsplatz sitzen würden.

Welche Geschichte erzielt mehr Aufmerksamkeit? Wenn Sie spannend schreiben wollen, benötigen Sie einen Konflikt. Ohne geht es nicht.

Wie bitte? Sie wollen nicht reißerisch schreiben? Sie wollen nicht Action an Action reihen?

Gut gesagt. Müssen Sie auch nicht. Da müssen gar keine Autos explodieren, die Kugeln den Helden um die Ohren pfeifen, das Blut nicht eimerweise über den Fußboden laufen.

Aber im Konflikt muss etwas auf dem Spiel stehen. Wenn der Ausgang unwichtig ist, ist es auch die Geschichte. Werde ich die Liebe meines Lebens gewinnen? In diesem Konflikt steht das ganze Leben auf dem Spiel. Deshalb fesseln Liebesgeschichten noch immer die Leser. Ob ich morgens Brötchen bekommen werde oder der Bäcker schon alle verkauft hat, ist zwar auch ein Konflikt, doch davon hängt nicht viel mehr ab als schlechte Laune am Frühstückstisch.

Gerne wenden Literaten angewidert den Kopf ab, wenn es um Spannung oder Konflikt geht. Das sei ein Appell an die niederen Triebe, »richtige« Literatur beschäftige sich mit Ideen und wohlgezimmerter Sprache.

Schaut man sich allerdings die literarischen Werke an, die die Jahrzehnte überdauert haben, so sieht das anders aus. Egal ob Homer mit dem Krieg um Troja, Shakespeare mit seinen Liebes- oder Königsdramen, Goethe mit Faust und Gretchen, Kehlmann mit Humboldt und dessen Reise durch Dschungel und Berge: Sie alle bieten Spannung und Konflikt.

Emotionen

Spannende Texte spielen mit Emotionen und erzielen dadurch ihre Wirkung. In obigem Beispiel »Hiob« leiden wir mit dem Opfer Simon, der gegen seinen Willen von Mönchen auf eine Insel in ein Gefängnis gebracht wird. Wir empören uns über die Mönche, die so ganz ohne Gefühl für Hiob agieren, verstehen aber, dass sie wirklich Angst vor dem Jungen haben.

»Onkel Toms Hütte« sprach die Gefühle von Millionen Lesern an, weckte Mitgefühl für die Opfer der Sklaverei und Hass auf die Sklavenhalter. »Im Westen nichts Neues« schilderte die Erlebnisse eines Soldaten im Ersten Weltkrieg und auch diese Erlebnisse berührten die Gefühle von Millionen Lesern. Wir Menschen wollen alle rational handeln, aber Geschichten spielen mit dem Irrationalen. Das macht uns Angst, Literaturkritiker runzeln darüber die Stirn, und viele Autoren bemühen sich verzweifelt, rationale Texte zu verfassen, weil sie keinen Kitsch schreiben wollen. Dass Geschichten Emotionen wecken, gehört aber dazu, und ohne Emotionen gibt es keine Spannung.

Wenn Sie spannend schreiben wollen, müssen Sie Gefühle bei den Lesern wecken. Nicht indem Sie etwas behaupten (»der Held hatte Angst«), sondern dadurch, dass Sie den Leser die Angst durch die Handlung erleben lassen. »Show, don´t tell« (Zeigen, nicht behaupten), heißt das im Angelsächsischen.

Und genau deshalb ist es so wichtig, dass Sie über das schreiben, was Sie lieben oder hassen. Ihre Geschichte muss Sie selbst berühren, nur dann berührt sie auch den Leser.

Spannung ist der Unterleib der Literatur

Das hat der Bestsellerautor Andreas Eschbach gesagt und er hat recht. Man muss sich dem Text hingeben, seine Emotionen hineinlegen. Mit Gedanken – und seien sie noch so tiefgründig – lässt sich Spannung nicht erzeugen, sie entzieht sich dem Kopf, sie zielt auf die Gefühle, auf den Unterleib.

Noch vor zwanzig Jahren galt das unter Literaten als höchst gefährlich. Und anspruchsvolle Leser rümpften darüber die Nase (lasen es aber dennoch). Wer gestand, Stephen King zu lesen, erntete in den Neunzigern abfällige Blicke. Den sollte man lieber nicht im Regal stehen haben, wenn Bildungsbürger zu Besuch kamen. Wie den Puritanern der Sex, galt den Literaten die Spannung als höchst bedenklich.

Heute gibt es diese Vorbehalte nicht mehr. Theoretisch. In der Praxis schrecken dennoch viele Autoren, egal ob aus dem Unterhaltungsgenre (U) oder der ernsten Literatur (E), davor zurück.

Dagegen gab und gibt es die Genreautoren, die es gerade auf diesen Unterleib abgesehen haben. Die die Gefühle der Leser ansprechen, ihnen einen Schauder über den Rücken jagen wollen, keine Hemmungen haben, zu morden, zu betrügen, und die gar nicht erst tiefsinnige Gedanken verbreiten wollen und gerade deshalb eine ungeschönte Darstellung der Wirklichkeit erschaffen.

Ganz so scharf getrennt, wie behauptet, waren die Lager nie. Die Krimi-Autoren Dashiell Hammett und Raymond Chandler sind längst im Literaturhimmel angekommen, und auch William Shakespeare und Edgar Allen Poe hatten keinerlei Hemmungen, mit den Gefühlen ihrer Leser zu spielen und spannende Geschichten zu schreiben.

Gehen Sie also mit mir auf die Reise durch den Unterleib der Literatur.

Übung

Formulieren Sie einen Konflikt, der einem Ihrer Geschichten zugrunde liegt. Wählen Sie die Geschichte, die Sie selbst am meisten berührt. Versuchen Sie den Konflikt auf einer Normseite (maximal 1.800 Anschläge) zu beschreiben.

Und noch eine Bemerkung zum Abschluss. Jeder Autor sollte sich überlegen, was er wie sagt. Ist Ihnen aufgefallen, dass ich nur von Lesern, von Autoren gesprochen habe? Sie haben recht. Ich weiß natürlich, dass Frauen ebenfalls Bücher lesen und schreiben.

Aber die deutsche Sprache ist unfair. Sie schleppt immer noch die männlichen Berufsbezeichnungen mit sich herum. Dem könnte man abhelfen, wenn an jeder Stelle von »Lesern und Leserinnen«, von »Autoren und Autorinnen« die Rede wäre. Oder von »AutorInnen«. Aber leider verbessert das nicht die Lesbarkeit, sondern klingt nach Beamtendeutsch. Also werde ich die klassische männliche Form verwenden, solange es keine Lösung gibt, die mich überzeugt. Und hoffen, dass jeder Leser weiß, dass Frauen durchaus ihren Mann stehen können.

Sie sehen: Ich habe mir überlegt, welche Formulierung ich warum benutze. Und das sollten Sie in Ihren Texten auch. Wenn Sie dabei eine andere Lösung für obiges Problem verwenden, ist das okay. Sie sollten sich aber immer überlegen, was Sie warum schreiben.

II. Beispiele

In diesem Kapitel stelle ich Ihnen Beispielszenen vor, kommentiere sie und schlage Verbesserungen vor. Dazwischen finden Sie theoretische Überlegungen zu Spannung und Techniken der Spannungssteigerung. Damit möchte ich sicherstellen, dass meine Techniken immer mit Beispielen untermauert werden, und Sie nicht mit abstrakten Theorien langweilen.

Die meisten Texte sind nicht veröffentlicht. Ihre Autoren haben sie mir zugemailt, weil sie unsicher waren, ob ihre Szene spannend ist. Und weil sie nicht wussten, wie sie sie spannender gestalten konnten. Dafür möchte ich mich bei allen Verfassern bedanken.

Sehen wir uns einmal ein Beispiel an.

Beispiel: Spuckattacke

Es war kurz vor acht, die zweite Woche nach dem Ende der Sommerferien, und ich war auf dem Weg in die Schule. Das Petersbergsken hatte ich schon hinter mir, ein kurzes Stück steile Straße entlang einer Mauer mit bröckeligem Putz, daran eine runde Stange zum Festhalten für die alten Leute, direkt hinter dem Mietshaus, in dem ich bei meinen Eltern wohnte. Hier, aber vor allem auf dem kleinen unbefestigten Platz oben am Ende der Straße, spielten wir immer nach der Schule, meine Freunde und ich: Fußball, Cowboy und Indianer, Rollerrennen fahren. Mädchen waren keine dabei.

Wenn alles langweilig war, erfanden wir Spiele. Zum Beispiel trocken unter Frehsmanns Wohnzimmerfenster, das ebenerdig am oberen Ende vom Petersbergsken lag, durchkommen, während Heinz auf dem Fenstersims hockte und seine Spucke von da oben ziemlich zielsicher verschoss. Unter allgemein kreischendem Gelächter, wenn wieder jemand es nicht geschafft hatte.

Oder einfach die Zeit vergehen lassen, während wir auf behauenen Steinen in irgendwelchen Hauseingängen saßen oder auf einem der vielen Mäuerchen hier in der Gegend.

Der Krieg war noch so nah, dass die Erwachsenen fast jeden Tag davon sprachen. Ich war noch nicht zehn.

»Hör auf zu spucken«, fuhr meine Mutter mich immer an, wenn ich mit ihr zum Einkaufen ging, um beim Tragen zu helfen; die billigen Preise im Diskontladen zogen schwere Taschen nach sich, da musste ich mit ran. Wenn sie wütend war, kriegte sie immer so große Augen, damit ich mich fürchtete, und das tat ich auch. Spucken war nicht beliebt, nicht bei meiner Mutter und nicht bei meinem Vater, überhaupt bei Erwachsenen nicht, aber wir Jungs untereinander waren uns ohne viele Worte einig, dass Erwachsene in dem Punkt völlig ahnungslos waren. Am Spucken zeigte sich nämlich, dass wir schon viel größer waren, als sie wahrhaben wollten. Ich auch, ich gehörte dazu.

Morgens, je nachdem, wie es sich ergab, trabten wir zusammen Richtung Schule: ich mit Klaus Heydermann, ich mit Bruno Hoff, ich mit Christian Hahn. Heinz Frehsmann wohnte zwar im selben Haus wie ich, ging aber in eine andere Schule, eine schlechtere, behauptete meine Mutter.

Heute nieselte es warm, und ich ging allein.

Ich hatte es nicht mehr weit bis zur Eisenbahnunterführung, als ich nach links Richtung Straße spuckte, ohne hinzugucken. Das war ein ganz schlechter Augenblick, der schlechteste Augenblick, seit ich denken konnte, wie sich schon einen

Schritt später zeigen sollte. Denn genau in diesem Moment fuhr ein Auto vorbei. Nicht so wichtig, was für eine Marke, für die interessierte ich mich nicht, Hauptsache, ein Auto. Eines dieser ganz wenigen motorisierten Gefährte in dieser Zeit, eine der mächtigen Kutschen aus wuchtig rundlich geformtem Eisenblech, reserviert für die Männer und Frauen aus den unerreichbar hohen Sphären, vor denen ich in den seltenen Augenblicken, als ich mal einem von ihnen Auge in Auge gegenübergestanden hatte, einen besonders ordentlichen Diener machen musste. Und der Fahrer war ebenfalls einer von denen, die nicht mochten, wenn man spuckte.

Der Wagen stand sofort, anscheinend war der Fahrer voll auf die Bremse gestiegen, die Tür flog auf, ein vor Wut verzerrtes Gesicht sprang auf die Straße und brüllte in meine Richtung. Ich hörte ihn schreien, aber seine Worte kamen in meinem Kopf nicht an, trotzdem hatte ich sofort begriffen, dass es jetzt nur eines für mich gab, ich rannte los, ich musste in die Schule, jetzt schneller als jemals zuvor. Einfach immer geradeaus. Zeit für eine Kehrwende, um nach Hause zu laufen, hatte ich keine mehr. Aus den Augenwinkeln sah ich die Autotür noch offen bis zum Anschlag, und ein bulliger Körper stampfte hinter dem Auto hervor und auf mich zu.

Schon nach wenigen Metern hatte ich den Tunnel erreicht. Dunkel war es da drin, auch schon an sonnigen Tagen, heute nahm der nieselige Himmel noch mehr Licht weg. Dass von den Wänden immer Wasser tropfte, egal bei welchem Wetter, und ein Muster aus hellen und dunkleren Stellen gemalt hatte, das wusste ich, aber jetzt sah ich nur das verregnete Ende des Tunnels vor mir.

Jetzt, in diesem Augenblick sollte ich mindestens so schnell sein wie auf der 50-Meter-Bahn. Da war ich der Schnellste in meiner Klasse. Und bis zum Licht am anderen Ende war es in etwa so weit. Wenn ich den Mann hinter mir lassen könnte. Nur Sekunden trennten ihn von mir.

Bücher und die anderen Schulutensilien polterten auf meinem Rücken im Schulranzen, den ich ziemlich streng angezogen hatte; das machte ich immer so, genauso wie mit

21

den Schnürsenkeln, alles immer straff und fest, ordentlich und zuchtvoll, wie meine Mutter mich wollte. Gut so in diesem Augenblick, denn der Schulranzen musste jetzt auch ohne meine Hände halten, die Arme brauchte ich zum Rudern.

Hinter mir hörte ich die stampfenden Schritte. Von überall her der Widerhall unserer Schuhsohlen. Währenddessen aber berührten meine Füße von Meter zu Meter scheinbar immer weniger den Boden, um mich herum wurde alles weiter, gedehnter. In diesem sich auftuenden Raum wurde es unmöglich, dass sich die Dinge berührten, Zusammenstöße gehörten nicht zu dieser Welt. Mein Schulranzen löste sich von meinem Rücken und begann, spielerisch mit mir zu tanzen. Er und ich hielten eine perfekte Balance zueinander, weil wir uns nur so lange anzogen, bis die Kräfte der Abstoßung größer wurden. Gleichzeitig halfen meinem Verfolger all seine Kraft und sein Wille und sein Hass nicht, sich mir auch nur zu nähern. Alles, uns beide eingeschlossen, nahm den Platz ein, den eine lichte Macht, größer als mein Verfolger und ich, ihm zuwies. Während der bullige Mann im Tunnel hinter mir her hetzte, nahm die Kraft uns beide auf ihre Flügel und umhüllte uns mehr und mehr.

Solche inneren Bilder und Gefühle, die meiner Flucht einen bisher nicht gekannten Geschmack gaben, überstiegen vollkommen meinen Horizont. Aber ich spürte, wie die Macht uns verband, wie sie uns beiden diente, jedem nach seinem Maß, und wie sie mich trug.

Alles, was sie dafür verlangte, war mein Vertrauen. Gelänge es mir zu vertrauen, dann wäre ich gerettet für diese und alle künftigen Ewigkeiten. Das war ein Versprechen. Dann würde keine Zeit der Welt je für mich eine Rolle spielen, niemals. Ich war auf einem guten Weg.

Könnte ich aber nicht vertrauen, dann wäre ich verloren, ganz egal, ob ich meinen Vorsprung vor dem Verfolger in die Schule rettete oder nicht.

Am Ende des Tunnels warf ich mich nach rechts in die vertraute winzige Gasse, fast ohne mein Tempo zu verlangsamen, und stieß mich an der entgegenkommenden

Wand nach vorn ab. Links die Hauswand, rechts der Bahndamm. Schon nach weniger als zehn Schritten machte die Gasse einen scharfen Knick nach links. Links Fenster und Türen, rechts Türen und Fenster. Der Verfolger hinter mir wurde lauter durch die eng stehenden Mauern.

Noch dreißig Meter, und die Häuser des Gässchens blieben zurück. Vor mir öffnete sich das letzte starke Stück des Weges, offen, breit und so kurz vor Schulbeginn bevölkert mit Einzelgängern und Grüppchen auf dem Weg zu ihrer täglichen Pflicht. Von nun an ging es steil bergauf, hinauf zur Königshöhe, zu meiner Schule auf der Königshöhe. Die letzten vielleicht hundertzwanzig Meter bis zur Erlösung.

Inzwischen raste mein Atem. Bis jetzt hatte ich mich kein einziges Mal umgesehen. Keine Zeit. Ich war auf einem guten Weg gewesen. Aber jetzt spürte ich, wie die Flügel der lichten Macht anfingen zu lahmen. Mein Hals wurde enger, immer enger, und die Augen größer. Ich bekam kaum noch Luft. Ich würde es nicht schaffen. Meine Knie wurden weich. Schwindelig war mir auch. Und jetzt kam erst das schwerste Stück. Ich konnte gar nichts anderes mehr denken, außer, dass er mich kriegen würde.

Ich suchte Hilfe in den Augen meiner Schulkameraden, die sich an diesem Hang vor dem Schulhaus stauten und die sich zuerst mir zuwandten, dann durch mich durch sahen, hinter mich.

Ich kannte jeden von ihnen. Gary und Edgar stießen gerade zu den Übrigen, sie wohnten in diesen schäbigen Häusern am Fuß des Hanges und kamen meist auf den letzten Drücker. Auch Klaus und Bruno waren schon da, Christian und die anderen waren schon ein Stück höher. Die ganze Welt sah meinem Kampf zu, alle nahmen teil.

Was war schlimmer? Dass meine Freunde zusahen, wie ich den Kampf gegen den übermächtigen Gegner verlor? Oder, dass ich mich selbst aufgab? Den halben Hang hatte ich schon geschafft. Ich war nass geschwitzt. Schon allein, dass er mir bis hierher auf den Fersen geblieben war, nahm mir so kurz vor dem Ende den Mut.

Aber vielleicht war ja der Weg durch sie hindurch für mich leichter als für ihn. Es könnte ja sein, dass mal einer von ihnen ausgerechnet in seinem Weg stand. Vielleicht würde ich ja deshalb am Ende doch noch siegen. Obwohl ich eigentlich keine Chance hatte.

In den Augen meiner Freunde sah ich die Angst, dass ich es nicht schaffen könnte, aber ich sah auch, wie sie wollten, dass ich es schaffte, wie sie daran glaubten, dass ich am Ende die Tür zum Schulhaus vor seiner Nase zuschlug. Ich sah ihre Gesten, sah ihre Lippen, wie sie sich bewegten. Aber ich hörte nur das Pochen in meinen Ohren und spürte es in meinem Hals. Warum eigentlich sollte ich es nicht schaffen? Er verfolgte mich, ja, aber er hatte mich immer noch nicht, meine Chancen standen nicht so schlecht, sie wuchsen sogar mit jedem Meter.

Es war doch so, dass ich auch auf der 50-Meter-Bahn außer Atem geriet. Was war denn eigentlich hier anders? Könnte es nicht genauso sein?

Was für ein unendlich gutes Gefühl war das, wenn ich auf der Bahn meiner ganzen Energie freien Lauf ließ und sie rausschleuderte, hemmungslos. Wie lebendig und voller Kraft ich war, wenn ich aus meinem Reichtum schöpfte und mich verausgabte, ich war ich allein, und ich allein würde da vorn als Erster die Linie überqueren, das wusste ich, immer.

Und mit dieser zurückkehrenden Kraft raste ich schließlich auf den letzten Metern des Hanges unberührbar durch einen unendlichen Raum, ohne dass auch nur eine Sekunde in meinem Kopf verging. Genauso wie auf der Bahn. Wie beim Fußballspielen. Wie beim Spucken spielen. Unser kreischendes Gelächter klang mir in den Ohren. Die Flügel trugen wieder und dienten mir. Das Tor zum Schulhof stand weit offen. Ich hatte jeden Zweifel losgelassen und stürmte da durch. Und dann fiel die hohe hölzerne Tür krachend hinter mir ins Schloss. Ich lehnte mich an die Wand und sackte zusammen. Die Sache war zu Ende. Ich war gerettet für alle Ewigkeiten.

Lektorat: Spuckattacke

Haben wir hier einen Konflikt?
 Aber sicher. Keinen, in dem es um Leben oder Tod geht, auch nicht um den Fortbestand der Welt wie bei James Bond. Aber jeder, der einmal ein Kind war, kann diesen Konflikt nachvollziehen. Der Junge wird verfolgt von einem Autofahrer, dessen *heiliges Blechle* er bespuckt hat. Wenn der Autofahrer ihn erwischt, gibt es Prügel. Vielleicht Krach in der Schule. Oder der Fahrer wird es gar der Mutter melden, und die wird nicht begeistert sein, das können wir der Vorgeschichte entnehmen. Für einen Jungen im Grundschulalter ein Konflikt, dem er sich durch Flucht entziehen möchte und der es wert ist, jede Anstrengung auf sich zu nehmen, um zu entkommen. Ein gutes Beispiel, das nicht nur der Konflikt allein entscheidend für die Spannung ist, sondern auch, wer in den Konflikt verwickelt ist. Wer also der Held, der Protagonist der Szene ist. James Bond, der einen Wagen anspuckt und dann vor dem Fahrer davonrennt, würde keine Spannung beim Leser erzeugen. Für ihn stünde viel zu wenig auf dem Spiel. Denn was könnte ihm der beleidigte Autofahrer schon anhaben? Ihn beim englischen Geheimdienst verpetzen? Ihn ohrfeigen?
 Sehr unwahrscheinlich.
 Aber für einen kleinen Jungen sieht das anders aus. Der Autofahrer ist ihm körperlich weit überlegen, er kann ihn bei dem Lehrer und der Mutter verpetzen, was, anders als bei James Bond, ziemlich unangenehme Folgen hätte.
 Wie ist der Konflikt aufgebaut?
 Wir fangen langsam an, die Zeit und die Umstände der Szene werden vorgestellt. Der Zweite Weltkrieg ist noch gegenwärtig, aber es gibt bereits wieder alles zu kaufen. Autos sind noch ungewöhnlich, Kinder haben zu gehorchen, und vor vornehmen und wichtigen Leuten soll man buckeln. Anfang der fünfziger Jahre, kein Zweifel, obwohl der Autor uns keine Jahreszahl nennt. Dann sehen wir die Jungen bei ihren Spuckwettbewerben; die Erwachsenen mögen das gar nicht, aber die

Kinder tun es trotzdem. Ein wenig Nostalgie schleicht sich beim Leser ein. Wer erinnert sich nicht gerne an seine Kindheit, an Streiche, die er mit Freunden den Erwachsenen gespielt hat, an die Freude, wenn man die elterlichen Gebote heimlich übertrat? Auch das Umfeld kann zur Spannung beitragen, und Kindergeschichten sind bei Erwachsenen immer schon beliebt gewesen.

Schließlich kommen wir zum Beginn der Szene selbst. Der Ich-Erzähler spuckt ein Auto an. Keine gute Idee, der Autobesitzer springt aus seinem Wagen und will den Jungen zur Rechenschaft ziehen. Die Spannung zieht an. Der klassische Spannungsbogen: erst die Exposition, die uns in das Umfeld der Geschichte einführt, dann das Ereignis, das die eigentliche Geschichte in Gang setzt. Anfänglich beobachten wir alles aus der Totalen, so würde es im Film benannt werden, dann fährt die Kamera immer näher an die Figuren heran, und schließlich eine Nahaufnahme: die Flucht vor der Gefahr.

Für eine spannende Geschichte benötigen Sie einen Spannungsbogen. Die Spannung sollte langsam beginnen, sich steigern und auf einen Höhepunkt hin führen. Am Anfang steht wenig auf dem Spiel, dann wird es immer bedrohlicher, bis die Geschichte ihren Höhepunkt erreicht hat.

Diese Szene ist also spannend?

Ja, ist sie. Oder etwa nicht?

Wann hatten Sie das Gefühl, dass die Spannung nachlässt?

Bei mir in dem Moment, als der Gegner, der Verfolger, der Antagonist aus dem Blickfeld gerät.

Jetzt geschieht nichts mehr, dem Leser werden keine Bilder mehr vermittelt und der bedrohliche Fahrer scheint keine Bedrohung mehr zu sein. »*Scheinbar immer weniger*« berühren die Füße den Boden, der Verfolger und der Junge »*hielten eine perfekte Balance*« zueinander, eine »*lichte Macht*« weist ihnen das zu, eine Kraft »*nimmt sie auf die Flügel*« und noch einmal wird betont, dass die Macht sie verbindet.

Was, bitte, soll ich darunter verstehen?

Auch in der weiteren Folge bleibt alles seltsam in der Schwebe. Die anderen Kinder wollen zwar, dass ihr Freund es schafft, doch woran kann der Leser das erkennen? Die Kinder tun nichts, weder bespucken sie den Verfolger oder bewerfen ihn mit Steinen, noch feuern sie den Jungen an. Nur in ihren Augen sieht er, dass sie wünschen, dass er es schaffen möge. Doch sie tun nichts, und deshalb bleibt die Behauptung des Autors, dass sie wollen, dass er es schafft, eine Behauptung. Sie wird nicht glaubwürdig durch Bilder, durch Ereignisse untermauert.

Der Konflikt hat sich verabschiedet. Die Gefahr bleibt abstrakt erhalten, denn der Junge will immer schneller rennen, nur sehen wir keine Gefahr mehr, hören nichts mehr von dem Verfolger.

Dann der Schluss, der Höhepunkt. Der Junge erreicht die rettende Tür und sinkt hinter ihr zu Boden.

Warum ist die Tür die Rettung? In der Zeit, in der das spielt, hätte den Verfolger eine Tür kaum abgehalten, höchstens dazu geführt, dass er dem Jungen keine Ohrfeigen verpasst, sondern sich bei dem Rektor beschwert hätte.

Der Spannungsbogen flacht ab, sobald der Verfolger keine Bedrohung mehr darstellt und damit der Konflikt verschwindet. Und dann kann man ihn auch nicht mehr künstlich am Leben erhalten, indem man sich auf andere Probleme stürzt, in diesem Fall auf das Laufen.

Ein Konflikt benötigt einen Anfang, eine Mitte, in der er sich entwickelt, und ein Ende, die Auflösung. In unserem Fall: Der Junge kann dem Verfolger entkommen, oder der Verfolger gibt auf, oder aber er erwischt den Jungen. Drei-Akt-Struktur nennt man das in der Fachsprache.

Ein Ausweichen auf einen anderen Konflikt tötet die Spannung. Romeo und Julia, die sich verlieben, mit der Feindschaft ihrer beiden Familien kämpfen, und plötzlich interessieren sie sich nicht mehr für ihre Liebe, sondern bekämpfen Aliens? Nein, das funktioniert nicht. Egal wie bedrohlich die Aliens sind. Die Angst vieler Autoren vor dem Stoff verleitet schnell dazu, dem Konflikt auszuweichen, statt ihn konsequent zu Ende zu erzählen.

Und wie könnte man hier den Konflikt zu Ende führen? Natürlich dadurch, dass der Verfolger aufgibt. Oder dadurch, dass er den Jungen erwischt. Das wäre das Übliche. Doch es gäbe noch weitere Möglichkeiten.

Wer ist der Mann überhaupt, der hier den Jungen verfolgt und damit zum Antagonisten wird, vor dem der Junge sich retten muss? Was will er? Natürlich sich für die Beleidigung rächen, deshalb nimmt er ja die Verfolgung auf.

Doch das allein reicht nicht. Der Autor muss mehr über den Mann wissen. Denn das bestimmt den Schluss und damit den Höhepunkt des Spannungsbogens.

»Die Macht«, »die Kraft«, all das könnte bedeuten, dass der Mann kein normaler Mensch ist. Sondern eher so etwas wie »Es« im gleichnamigen Roman von Stephen King. Ein Monster, das sich als Mensch tarnt und Kinder verfolgt und sie auffrist.

In diesem Fall rennt der Junge um sein Leben, aber das Monster verfolgt Kinder immer nur bis zu einer bestimmten Grenze. Zum Beispiel bis zur Schultür. Oder bis andere es sehen können. Oder wird von den anderen Kindern mit der Zwille beschossen oder bespuckt und verschwindet.

Das müsste vorbereitet werden. Der Tunnel wäre das ideale Element des Horrors. Das Wasser rieselt von den Wänden, der Ausgang scheint unendlich weit, der Mann knurrt seltsam, der Junge ahnt: Das kann kein Mensch sein.

Oder soll es doch realistisch sein? Der Mann ruft, dass der Junge stehen bleiben soll, stößt Drohungen aus: »Ich schlag dich tot.«

Vielleicht flüstert die geheimnisvolle Macht ihm zu: »Weiter, weiter, du schaffst es!«? Erinnert ihn daran, wie er den Fünfzigmeterlauf gewann, obwohl er noch immer erkältet war?

Vielleicht soll es aber auch eine Szene in einem lustigen Kinderbuch sein?

Der Mann erwischt den Jungen, packt ihn fest am Arm, reißt ihn herum.

»Dich brauch ich!«, sagt er. Er veranstaltet eine Weitspuckolympiade und möchte den Jungen unbedingt als Teilnehmer gewinnen.

Gefällt Ihnen nicht? Muss es auch nicht. Aber es lohnt sich, verschiedene Möglichkeiten durchzuspielen, wie ein Konflikt endet. Sie müssen nicht die erstbeste nehmen. Lassen Sie Ihre Fantasie spielen. Aber denken Sie an Ihren Konflikt. Damit haben wir bereits die erste nötige Zutat für Spannung:

Merke: Sie benötigen einen Konflikt, dem Sie nicht ausweichen dürfen, und müssen ihn bis zum Ende erzählen.

Und wenn Sie jetzt sagen, ich kenne aber eine Geschichte, da ist es ganz anders? Dann haben Sie recht. Für alle Regeln, die ich hier nenne, gibt es Gegenbeispiele. Anders als in Religionen gibt es beim Geschichtenerzählen keine Dogmen, die man auf jeden Fall befolgen muss, sonst landet man in der Hölle (oder in der Langweile). Aber Sie müssen diese Regeln kennen und wissen, warum Sie sie brechen wollen.

Handlung statt Infodump

Aus den Ereignissen ergibt sich, wo wir sind, und vor allem, wann: in der Bundesrepublik Anfang der fünfziger Jahre. Der Autor verrät uns das nicht, in dem er es explizit sagt:

»Anfang der fünfziger Jahre gab es wieder alles zu kaufen, aber Autos waren noch selten. Wir Kinder mussten ordentlich und züchtig sein, trotzdem vergnügten wir uns mit Spuckspielen.«

Das wäre ein Lexikonartikel, ein Infodump. Der Autor erklärt uns, was er für wichtig hält, um die Geschichte zu verstehen.

Viel besser ist es, das Umfeld durch die Ereignisse, durch die Handlung einzuführen. Ein Auto fährt vorbei, offensichtlich ist das selten, und die Autos sind für Männer und Frauen aus unerreichbaren Sphären reserviert. Der Ich-Erzähler muss der Mutter beim Einkaufen die Taschen tragen. Woraus der Leser folgt: Es gibt also wieder viel zu kaufen.

»Der Krieg war noch so nah, dass die Erwachsenen fast jeden Tag davon sprachen«, auch dieser Satz erklärt uns nicht, dass der Krieg erst sieben Jahre zurückliegt, er erzählt uns, was die Erwachsenen tun: Sie sprechen fast jeden Tag davon. So bezieht der Text die anfängliche Spannung daraus, dass die täglichen Ereignisse erzählt werden, zwischen den Zeilen aber genug Raum bleibt, den der Leser füllen kann, und dass die Sätze Bilder einer Kindheit wecken.

Doch der Schluss bleibt unbefriedigend. Und das ist eine große Gefahr: Die ersten Seiten bestimmen, ob der Leser das Buch weglegt oder weiterliest. Vom Ende hängt es ab, ob der Leser die Geschichte weiterempfiehlt und das nächste Buch des Autors kauft.

Übung

Formulieren Sie einen Schluss für eine Ihrer Geschichten. Denken Sie daran: Ein Schluss sollte den Konflikt zwischen Antagonist und Protagonist lösen.

Zwölf Lösungen sind leichter als eine

Und was kann man tun, wenn einem kein guter Schluss einfällt?

Man kann das Problem erst mal zur Seite legen und weiterschreiben. Oft fällt einem irgendwann, wenn man es gar nicht erwartet, eine Lösung ein.

Es gibt aber auch eine gute Technik, um unerwartete Wendungen zu entwickeln, einen Schluss, der den Leser vom Hocker reißt: zwölf Lösungen.

Das Prinzip ist einfach. Nehmen Sie ein leeres Blatt und schreiben Sie zwölf Möglichkeiten auf, wie obiger Konflikt gelöst werden könnte. Überlegen Sie nicht lange, schreiben Sie alles auf, was Ihnen einfällt. Bewerten Sie die Einfälle nicht. Schicken Sie Ihren inneren Zensor in die Küche, dort darf er die Druckfehler auf den Tiefkühlpackungen verbessern. Wer neue Ideen sucht, muss erst mal diesen kleinen Pedanten ruhigstellen, den jeder von uns im Kopf hat und der immer schreit: »Das geht doch gar nicht!«

Sie werden staunen, wie viel doch geht, wenn man seiner Kreativität Raum gibt.

In meinem Buch »*Vier Seiten für ein Halleluja*« bin ich noch etwas ausführlicher auf diese Technik eingegangen.

Übung

Nehmen Sie ein leeres Blatt und schreiben Sie zwölf Möglichkeiten auf, wie obiger Konflikt zwischen dem Jungen und dem beleidigten Autofahrer ausgehen kann. Wenn Sie selbst eine Geschichte oder Szene haben, bei der Sie keinen befriedigenden Schluss finden, dann schreiben Sie dafür zwölf Lösungen auf. Nicht vergessen: »Das ist Unsinn« gilt nicht. Auch Unsinn sollten Sie aufschreiben.

Fertig? Dann sehen Sie sich diese Lösungen jetzt an. Welche bewegen sich im üblichen Rahmen, welche sind ungewöhnlich? Meist sind die ersten Lösungen das, was jeder erwartet. Sie sind nicht überraschend, sondern entsprechen Leser- und Autorenerwartungen.

In unserem Fall wären das zum Beispiel die Lösungen:
1. Der Autofahrer erwischt den Jungen und verdrischt ihn.
2. Der Autofahrer lässt von der Verfolgung ab, weil er kurzatmig geworden ist.

Das sind naheliegende Lösungen, die jeder erwartet. Oben hatte ich schon einige weitere mögliche Lösungen vorgestellt:
3. Der Autofahrer verwandelt sich im Tunnel in ein Monster, das erst von der Verfolgung ablässt, als die Schule mit den anderen Schülern in Sicht kommt.
4. Der Autofahrer erwischt den Jungen und erklärt ihm, dass er für einen Weitspuckwettbewerb Jungen wie ihn sucht.

5. Der Autofahrer gibt die Verfolgung auf, aber als der Junge nach Hause kommt, steht dort der Wagen vor der Haustür. Der Autofahrer hat sich bei den Eltern beschwert, und dem Jungen drohen eine Tracht Prügel vom Papa und Taschengeldentzug. Was eine neue Frage aufwirft: Wird der Junge das Haus betreten oder fliehen oder ...? Wieder zwölf Lösungen!

6. Der Autofahrer erwischt den Jungen an der Schultür und schleift ihn zum Direktor.

7. Der Junge kann entkommen, doch sein Lehrer hat den Vorfall beobachtet, und in der Schule hat das Folgen. (Welche? Wieder zwölf Lösungen!)

8. Ein Engel mit Feuerschwert erscheint und vertreibt den Autofahrer.

9. Der Autofahrer hat den Schlüssel stecken lassen, und jemand klaut das Auto.

10. Fast hat der Mann den Jungen erreicht, da dreht sich dieser um und stellt ihm ein Bein. Der Mann stürzt, und der Junge kann entkommen.

11. Eine Anwohnerin beobachtet die Flucht und hält den Jungen fest. Der Mann gibt ihm eine Ohrfeige und dann ... (zwölf Lösungen!)

12. Der Pfadfinderführer des Jungen taucht auf und zwingt ihn, sich bei dem Mann zu entschuldigen.

Sie sehen, es gibt viele Möglichkeiten. Und viele dieser Möglichkeiten führen zu neuen Konflikten, die wieder neue Möglichkeiten bieten, wie die Geschichte weitergeht.

Vor allem aber lenkt es unsere Aufmerksamkeit auf unerwartete Lösungen. Denn Autoren fällt immer zuerst das Übliche ein. Das ist aber nicht überraschend und bietet deshalb wenig Spannung. Der zwölfte Krimi, in dem der Gärtner der Mörder ist, lockt niemanden hinter dem Ofen hervor.

Antagonisten

Autoren sollen einen Protagonisten entwerfen, der sympathisch ist, mit dem die Leser sich identifizieren können. Das steht in vielen Schreibratgebern. Aber meist ist der Antagonist weit wichtiger. Deshalb möchte ich zunächst den Antagonisten betrachten, traditionell auch Bösewicht genannt. Der muss nicht böse sein, ja, nicht mal eine Person, doch dazu später.

Wie ein Protagonist auch schlechte Eigenschaften haben sollte, so muss ein Bösewicht gute Charakterzüge haben. Ein Dummkopf eignet sich nicht als Antagonist. Seine Reaktionen sind vorhersehbar, ihn zu besiegen, viel zu einfach.

Der Antagonist ist in einer Geschichte und einer Szene genauso wichtig, wie der Protagonist. Und er sollte mindestens gleichwertig sein. Je gewitzter, desto besser. Der Faust mit einem dämlichen Teufel – das Stück wäre längst vergessen. Voldemort, der dem ersten Zauberspruch Harry Potters erliegt, hätte kaum sieben Bände überlebt. Aber Voldemort, der so viel mächtiger ist als der kleine Harry Potter, sorgt für Spannung.

Denken Sie daran: Die Leser fiebern mit dem Protagonisten mit. Sie wollen, dass er gewinnt. Sie wissen aber auch, dass genau das in den meisten Geschichten passiert, sie erwarten also den Sieg des Protagonisten. Deshalb ist es immer eine gute Idee, dem Helden einen mächtigen Bösewicht entgegenzustellen. Goliath, der ein dummer Zwerg ist, wäre kein guter Gegner für David. Goliath, der ein Riese ist, in voller Rüstung und so kampferfahren, dass sich keiner der Juden traut, ihn zu bekämpfen, das ist der richtige Antagonist in dieser alten Bibelgeschichte. Nur der kleine David, ohne Rüstung, ohne Kampferfahrung, wagt es, sich dem Riesen zu stellen. Wie soll er es schaffen, diesen übermächtigen Gegner zu besiegen? Alles spricht gegen ihn. Daraus erwächst die Spannung.

Er hat eine Fähigkeit, die Goliath nicht hat, gegen die die größten Körperkräfte nichts nützen, und selbst die Rüstung hilft nicht viel. Er siegt nicht im Schwertkampf, das wäre gar zu unrealistisch. Das würde kein Leser glauben. Er siegt, weil er eine Steinschleuder hat und mit ihr umzugehen weiß. Und bevor Goliath diesen lächerlichen Winzling, der es wagt, ihn herauszufordern, mit seinem Schwert in Stücke schlagen kann, streckt ihn der Stein nieder, den David ihm an die Schläfe schleudert.

David gegen Goliath, das ist eine Geschichte, die wir immer wieder gerne hören. Der kleine Hobbit, der gegen den mächtigen bösen Lord loszieht, um den Ring zu vernichten, den dieser unbedingt haben will. Der Privatdetektiv, der es mit der Mafia aufnimmt. Der kleine Zauberlehrling, der es mit dem mächtigsten Zauberer in England aufnimmt.

Beispiel: Rebellen

Ein Raumschiff mit Auswanderern soll zu einem anderen Planeten geschickt werden. Rebellen wollen das verhindern und haben einen Agenten ins Schiff eingeschleust. Der Kommandant Tharo versucht, diesen Mann (Brak) zu entlarven.

»Ach was, ich würde sofort bemerken, wenn einer dieser hirnlosen Unterweltler in meiner Nähe ist. Sie können nicht ruhig auf einem Platz stehen, sie reden ständig wirres Zeug von einem eingebildeten Sieg, und was das Schlimmste ist: Hygiene ist ein Fremdwort für sie!«

Tharo sah nicht direkt zu Brak herüber, doch konnte er deutlich sehen, wie die Adern an seinem Hals anschwollen. Der Mann brauchte nur noch einen kleinen Stoß. Tharo drehte sich zu Tsi um und gab ihm einen heimlichen Wink. »Was meinen Sie? Ist es Ihnen nicht auch schon aufgefallen? Rebellen stinken!«

»Stimmt!«, nickte Tsi. »Jeder Sandfloh ist reinlicher. Was kann man auch erwarten, wenn ...«

Tharo achtete nicht auf Tsis Worte. Er hörte hinter sich ein gurgelndes Geräusch. Schnell drehte er sich um. Brak stand zähnefletschend vor dem Sessel. Seine Beherrschung löste sich in Luft auf, und plötzlich stürmte er auf ihn zu, wobei er einen kleinen Gegenstand hochhielt.

»Das reicht!«, schrie er, stoppte jedoch seinen Lauf, als Tharo blitzschnell seine Waffe zog. »Ah, du willst schießen? Versuch es. Aber dann fliegt hier alles in die Luft. Als Militärsklave weißt du doch bestimmt, was das hier ist?«

Brak streckte seine Hand hoch. Tharo erkannte alarmiert einen Miniatursprengkopf in der Faust des Mannes. Die als Wache eingeteilten Techniker hatten ihn nicht gründlich durchsucht. Er winkte Tsi zurück, der schon Anstalten machte, Brak aufzuhalten.

»Lassen Sie ihn!«, befahl er. »Er hat eine Granate in der Hand.«

»Gut aufgepasst, Herr Kommandant.« Brak grinste hämisch. »Wo bleibt jetzt euer hochmütiges Gerede, hä? Wenn ich die Granate loslasse, ist es um die Brücke geschehen, das weißt du.«

»Dann gehen Sie selbst drauf.«

»Ist mir egal. Hauptsache ist doch wohl, dieses verdammte Schiff verbreitet nicht die verfluchte Brut unseres Planeten auf anderen Welten.«

»Was reden Sie denn da? Welche Brut meinen Sie?« Tharo versuchte Zeit zu gewinnen, wobei er fieberhaft überlegte, wie er Brak überwältigen konnte. Doch er war wie gelähmt. Bilder von zerfetzten Leichen schnitten durch sein Hirn. Ein Rebellenüberfall. Überall Blut. Joel mehrfach von Granatsplittern getroffen. Der lang unterdrückte Hass stieg hoch, doch Tharo biss die Zähne zusammen, als Brak weitersprach.

»Ich rede von Wissenschaftlern. Ich rede von Militär. Ich rede von allen, die Schuld daran sind, wie unser Planet zugrunde geht.«

»Sie können nicht alles über einen Kamm scheren.«

»Halt's Maul! Es ist schon viel zu viel geredet worden. Deaktiviere die Waffensysteme und lass das Schiff dort draußen andocken. Dann können wir vielleicht verhandeln.«

»*Schiff?*«, *stellte Tharo sich dumm. Er blendete die Gefahr aus, wie er es schon seit Monaten tat, und wurde wieder etwas gelassener.* »*Welches Schiff? Ah, Sie glauben tatsächlich an das Märchen, das ich gerade erzählt habe?*«
»*Quatsch nicht. Ich weiß, da kommt ein Schiff. Los, Waffen deaktivieren.*«
Tharo winkte Tsi zu. »*Tun Sie ihm den Gefallen. Wenn er merkt, dass seine Kumpane die Kiste nicht in die Luft gebracht haben, weil sie einfach zu dämlich sind, wird er schon aufgeben.*«
Damit drehte sich Tharo scheinbar gleichgültig von Brak weg und sah zum Ortermonitor hinüber. Natürlich behielt er den Mann im Auge, denn es war klar, auf diese Provokation würde eine Reaktion folgen. Wirklich stieß Brak einen heiseren Wutschrei aus, wurde aber abgelenkt, als jetzt die Tür zur Brücke aufglitt.

Mari kam herein und rief, ohne auf Brak zu achten: »*He, Kommandant! Wann geht es endlich weiter hier? Ich habe keine Lust, mir die Beine krumm zu stehen.*« *Sie kam noch ein paar Schritte näher und starrte Brak überrascht an.* »*Was treibst du denn hier, Braki? Bist ja ganz blass. Du solltest dich ausruhen. Was meinen Sie, Kommandant?*«

»*Ganz richtig*«, *nickte Tharo. Er nutzte die Situation und ging einen Schritt auf den Fanatiker zu.*

Sofort zuckte Brak zurück und hob die Hand mit der Granate. »*Bleib da stehen!*«

Weiter kam er nicht, denn in diesem Moment traf ihn ein Lichtstrahl. Ein fürchterlicher Schrei! Brak starrte auf den qualmenden Klumpen Fleisch, der einmal seine Hand gewesen war. Mit blutunterlaufenen Augen stierte er schließlich Mari an, die ihm, mit einem Strahler im Anschlag, gegenüberstand.

»*Na, tut's weh?*«, *spottete sie.*

»*Du verfluchtes Miststück!*«, *krächzte Brak.* »*Ich bring dich um.*«

Er warf sich vor und wollte mit der gesunden Hand Maris Hals packen, doch im gleichen Augenblick schoss die Angegriffene ohne zu zögern ein weiteres Mal. Diesmal war

der Schuss tödlich. *Brak knickte ein und schlug schließlich mit halb verbranntem Oberkörper am Boden auf.*
Mari sah ungerührt zu ihm herunter und meinte: »Dummer Mensch. Muss doch wissen, dass ich schneller bin.«
Tharo holte tief Luft und versuchte seinen Herzschlag unter Kontrolle zu bekommen. In welches Theaterstück bin ich da nur reingeraten. Zu Mari gewendet sagte er: »Schießen können Sie, das habe ich gesehen. Trotzdem, der Mann hielt eine Granate in der Hand. Das konnten Sie natürlich nicht wissen, aber ...«
»Schon klar«, *wehrte Mari die Kritik ab.* »Ich habe den letzten Teil der Unterhaltung mitbekommen, weil jemand den Bordcom eingeschaltet hat.«
Tsi reckte sich und sagte: »Das war ich, wenn's erlaubt ist. Dachte, es ist eine gute Idee, wenn noch mehr Leute wissen, was hier abläuft.«
»Das war auch gut so«, *nickte Mari.* »Dadurch wusste ich, was zu tun ist.«

Lektorat: Rebellen

Ist der Text spannend? Ich meine, nur zum Teil. Und woran liegt es? Wenn Sie es nicht wissen, versuchen Sie einmal zu markieren, welche Stellen spannend sind und welche nicht. Und zeichnen Sie den Spannungsbogen als Kurve auf.

Bevor ich aber auf diese Kurve zurückkomme, möchte ich zunächst den Antagonisten betrachten. Er droht mit einem Miniatursprengkopf. An Action fehlt es also nicht.

Aber dem Helden an einem gleichwertigen Gegner. Brak, der sich so leicht provozieren lässt, ist es nicht. Ein Satz über stinkende Rebellen lässt ihn zum Sprengkopf greifen. Dabei sollte der, so vermute ich mal, doch gezielter eingesetzt werden.

So kommt der Höhepunkt auch umgehend. Brak zieht den Sprengkopf, dann gibt es im Dialog ein bisschen Hin und Her, und schließlich kommt Mari und räumt auf.

Auch die Helfer des Protagonisten handeln alle richtig. Tsi schaltet das Bordmikro ein, Mari kommt zum genau richtigen Zeitpunkt, und eigentlich ist weder Schiff noch Besatzung je in Gefahr. Was heißt: Wenn Ihr Antagonist schwach ist, dann ist es auch Ihr Konflikt, und damit schwächelt dann auch die Spannung.

Zurück zum Spannungsbogen. Der steigt hier schnell zum ersten Höhepunkt an, flacht in der Mitte im Dialog deutlich ab und steigert sich noch mal zum Schluss, aber nicht sehr.

Wie kann man so etwas ändern? Indem man es dem Protagonisten schwerer macht. Und das geht, wenn der Antagonist gewitzter ist. Nichts geht über einen guten Bösewicht. Also einen, der sich nicht einfach provozieren lässt. Er hat einen Auftrag und den will er ausführen. Mit blöden Reden lässt er sich nicht ablenken.

Vielleicht gibt es aber jemand anderen, der nicht so kaltblütig ist? Der wirklich aufspringt, der Kapitän zieht seinen Strahler, es gibt ein heftiges Wortgefecht, der Mann wird verhaftet.

Der Mann wird abgeführt, alle sind erleichtert. Alle haben sich auf die Szene konzentriert. Doch einer nicht.

»Danke Kapitän«, sagt jemand aus dem Sessel heraus. »Sie haben mir die Arbeit sehr erleichtert.«
Dem Kapitän schwant Böses.
»Während sie sich auf Brak und seinen Geruch konzentriert haben, konnte ich meinen Auftrag erfüllen. Sobald das Schiff abhebt, fliegt die Steuerkonsole in die Luft. Miniatursprengköpfe sind ein großer Fortschritt.«
Der Kapitän zieht die Waffe.
Der Mann hebt die Hände. »Ihre Bemühungen sind vergeblich. Auch ich kann ihn nicht mehr entschärfen. Ach ja, Mari, bitte legen Sie den Schraubenzieher beiseite. Der Sprengkopf explodiert, sobald man die Steuerkonsole öffnet.«

Wie werden Tharo und Mari jetzt das Schiff retten? Man darf gespannt sein.

Jedenfalls haben sie es jetzt mit einem würdigen Gegner zu tun. Einen, der den Protagonisten zum Schwitzen und die Leser zum Weiterblättern bringt.

Noch etwas anderes findet sich in der Szene. Alle Helfer arbeiten perfekt zusammen, hatte ich gesagt. Aber in gefährlichen Szenen unterlaufen Menschen Fehler. In der Realität und erst recht in Geschichten. Auch das kann man nutzen. Tsi schaltet das Bordcom ein. Aber versehentlich auch die Ansage im Steuerraum. »Bordcom eingeschaltet«, tönt die Ansage durch den Raum.

Pech gehabt. Der Antagonist weiß jetzt Bescheid. Er kann das Bordcom wieder ausschalten. Die Türen verriegeln. Er ist vorbereitet. Mari kann nicht mehr so einfach das Problem lösen.

Sie sehen also, man muss den Sprengkopf nicht in den Recycler werfen, wenn der Antagonist noch nicht richtig gelungen ist. Mit etwas Erfahrung kann man ihn schärfen. Und das gilt für viele Probleme der mangelnden Spannung.

Machen Sie es Ihrem Helden nie zu einfach. Stellen Sie ihm einen gleichwertigen Antagonisten entgegen. Noch besser: einen, der mächtiger und stärker ist.

Und wenn etwas schiefgehen kann, lassen Sie es schiefgehen. Ihre Leser werden Sie deshalb hassen. Wie kann der Autor bloß so gemein sein! Aber sie werden weiterlesen. Und nur darauf kommt es an.

Merke: Ohne Antagonisten gibt es keine spannende Geschichte, weil es keinen Konflikt gibt. Der Antagonist sollte mächtig sein und er soll gute Gründe haben, dem Helden in die Suppe zu spucken.

Übung

Nehmen Sie eine Ihrer Geschichten – sie muss nicht ausformuliert sein, die Idee reicht. Welcher Antagonist tritt dort auf?

Wenn Sie keinen passenden Antagonisten haben, nehmen Sie einen Bösewicht aus der Wirklichkeit. Sie können Stalin, den Serienmörder Haarmann oder jede andere Person wählen, auch eine Figur aus einem Film oder Buch ist erlaubt.

Schreiben Sie eine Szene, in der dieser Antagonist die Hauptperson ist.

Dann sehen Sie sich diese Szene an. Wird dort deutlich, dass Ihr Antagonist mächtig ist? Was er möchte und vor allem, was er auf jeden Fall verhindern will?

Wenn das nicht der Fall ist, überarbeiten Sie die Szene.

Am Ende sollte aus der Szene ein bedrohlicher Antagonist heraustreten.

Protagonisten

Der Protagonist, klassischerweise auch Held genannt, trägt Ihre Geschichte. Er will etwas, hat ein Ziel und ein Problem, das zu erreichen. Der Antagonist will verhindern, dass er es erreicht, deshalb kommt es zum Konflikt. Wir haben zwei Kräfte, die sich bekämpfen. Goliath will die Juden besiegen, David will verhindern, dass Goliath siegt. Der Hobbit will den Ring der Macht zerstören, der böse Lord will ihn bekommen. Der Fahrer aus »Spuckattacke« will den Jungen bestrafen, der sein tolles Auto angespuckt hat, der Junge will der Strafe entkommen. Das eine schließt das andere aus.

Daraus folgt: **Personen, die bereits alles haben, was sie sich wünschen, sind als Protagonisten wenig geeignet.** Die Ausnahme: Wenn der Antagonist dem Helden das wegnehmen will, was er hat. Othello hat seine geliebte Desdemona gewonnen, er ist ein erfolgreicher Flottenkommandant. Doch leider gibt es da Jago und der will ihm Desdemona nehmen. Er weiß, dass Othello eifersüchtig ist, darauf baut er seine Intrige auf und kann die beiden Liebenden auseinanderbringen. Othello, der Desdemona vertraut, wäre ein schlechter Protagonist.

Sie sehen auch, dass es nicht so wichtig ist, dass die Protagonisten sympathisch sind. Oft führt das zu netten Menschen, gegen die niemand etwas hat – und die keine Probleme haben.

Merke: Leser sollten mit den Protagonisten mitfühlen.

Soweit stimmt die Behauptung, dass Protagonisten sympathisch sein sollten. Aber nein, sie müssen keine netten Menschen sein. Sie sollten durchaus Ecken und Kanten haben, damit der Leser sich für sie interessiert.

Dass die Helden sympathisch sein sollen, dürfte aus angloamerikanischen Schreibratgebern stammen. Dort wird »sympathy« für die Protagonisten gefordert. Doch »sympathy« heißt nicht »Sympathie«. Das englische »sympathy« bedeutet »Mitgefühl«. »My dearest sympathy«, sagt man auf einem Begräbnis. Mitfühlen sollte der Leser. Verstehen, warum die Heldin in die furchtbare Situation geraten ist. Mit ihr zittern, wie sie wieder herauskommt.

Beispiel: Hetzjagd

Sophia hat eine Stelle in England bekommen, als der Irakkrieg ausbricht.

"Krieg! Wir sind im Krieg! Das muss man sich mal vorstellen!" Sophia stützte die Ellbogen auf den Tisch und griff sich mit den Fingerspitzen an die Schläfen, wobei sie fassungslos den Kopf schüttelte. "Ich hatte wirklich gehofft, zumindest die Engländer halten sich da raus." Sophia schnellte ruckartig von ihrem Stuhl auf und ging durch die Küche, um das Radio leise zudrehen.

"Ja, aber so groß ist die Überraschung doch nun auch wieder nicht", meinte Inge, Sophias engste Freundin. "Das war doch zu erwarten. Hier geht es um West gegen Ost, um Geld und um Macht. Davon kann sich auch die Nato nicht distanzieren."

"Ja, aber glaubst du das mit den Atomwaffen?" Sophia schaute Inge in die Augen.

Die hob nur die Augenbrauen und lehnte sich gegen ihre Stuhllehne zurück. "Ich weiß es nicht. Schau mal, wir sind doch ganz am Ende der Informationskette. Wir erfahren nur das, was auch wirklich in die Medien sollte. Wer ist denn für die Zensur verantwortlich?"

Die beiden jungen Frauen hatten es sich in der geräumigen Wohnküche von Sophia gemütlich gemacht, in der es nach frischem Kaffee duftete. Es war Samstagnachmittag, und die frühe Aprilsonne schien träge durch die großen Sprossenfenster der gemütlichen Altbauwohnung. Von draußen drang gedämpft das metallische Quietschen und Rumpeln der Straßenbahn zu ihnen in die Wohnung.

"Du bist angespannt, oder?", fragte Inge mitfühlend.

"Na ja, vermutlich schon ein bisschen", gab Sophia kleinlaut zu und nahm die Kaffeekanne aus der Kaffeemaschine. Es zischte, als ein paar Tropfen auf die heiße Platte fielen. Sie goss Inge und sich Kaffee nach und meinte dann: "Weißt du, den einen Tag denke ich: Hammer! Was ich da mache. Ich packe meine Sachen und wander aus. Einfach so. Ich habe mir bisher eigentlich keine Gedanken darüber gemacht."

Inge schaute Sophia ernst an und nickte. "Und dann wache ich morgens plötzlich auf und denke: Oh, Mist! Was habe ich mir dabei gedacht? Mein Englisch ist nicht der Renner, ich kenne keine Menschenseele dort und ich habe Angst vor all dem, was mich dort erwartet und auf das ich nicht vorbereitet bin."

"Na ja, also, um ehrlich zu sein, ich bewundere dich. Ich hätte nicht den Mut, einfach alles stehen und liegen zu lassen und in ein anderes Land zu gehen", sagte Inge und fuhr sich dabei gedankenverloren mit der Hand durch ihre dunklen, lockigen Haare. "Allein der Gedanke ... Puuuuh!"

"Ja, das sagen viele. Deswegen frage ich mich auch manchmal, ob ich vielleicht grenzenlos naiv bin?"

"Nein, nur unglaublich spontan", lachte Inge. "Ja, aber das mit dem Irakkrieg jetzt, das macht mir schon Sorgen. Nine Eleven ist noch nicht lange her. Die Terroranschläge werden

doch weitergehen, wenn der Westen auch noch einen Krieg führt. Und London ist doch ideal für einen Anschlag, wie er in New York passiert ist. Oder werde ich jetzt einfach nur hysterisch?" Sophia stellte die Kaffeekanne zurück und ließ sich wieder auf ihren Stuhl fallen, der ein knarzendes Geräusch von sich gab.

"Vergiss das, Sophia. Wenn es darum geht, dann kann man nirgendwo mehr sicher sein. Außerdem soll der Irakkrieg ja gut durchgeplant sein und schnell und sauber über die Runden gehen. Es geht um Saddam Hussein und nicht um Al Kaida", versuchte Inge ihre Freundin zu beruhigen.

"Hmm." Sophia rieb sich die Augen. *"Vermutlich hast du recht. Ich sollte mir meine Vorfreude auf alles Neue nicht verderben lassen. Weder von Herrn George W. Bush noch von Herrn Hussein."* Sie griff entschlossen zu ihrer Tasse und lächelte Inge aufmunternd an. *"Wird schon irgendwie werden. Vermutlich ist das jetzt nur eine Art ‚Auswanderfieber', das ich kriege. Aber tragisch bleibt es trotzdem. Der Krieg, meine ich",* setzte sie nachdenklich hinzu.

Als Inge eine halbe Stunde später die Wohnung verließ, widmete sich Sophia wieder ihrer Liste. Sie hatte alles minutiös aufgeschrieben, was sie vor ihrem Umzug noch zu erledigen hatte. Bis kommenden Mittwoch musste sie sich für eine Spedition entschieden haben, die ihren gesamten Zwei-Zimmer-Haushalt in Kisten packte und zwischenlagerte, bis sie eine Wohnung in London gefunden hatte und ihre Möbel und alles weitere nachholen konnte. Der amerikanische Verpackungskonzern, bei dem sie als Marketing-Verantwortliche für Europa, Asien und den Nahen Osten arbeiten sollte, hatte ihr finanzielle Unterstützung beim Umzug und Hilfe bei der Wohnungssuche zugesagt. Fast täglich hatte sie nun E-Mails mit Wohnungsvorschlägen im Norden Londons von einer Agentur erhalten, die für sie vor Ort suchte.

Alle Wohnungspreise wurden in wöchentlichen Mietraten ausgewiesen, die bereits einer Monatsmiete ihrer Düsseldorfer

Wohnung entsprachen. Aber sie hatte ihr Gehalt gut verhandelt und sich nicht unter ihrem Wert verkauft. Nach zehn Jahren Berufserfahrung kannte sie ihren Preis, und ausgiebige Recherchen im Internet hatten ihr Orientierung für die Gehaltsverhandlung gegeben. Das Gespräch war nicht einfach gewesen, aber sie hatte Selbstvertrauen gezeigt und auch auf den Hinweis des Marketing-Direktors, dass ihre Vorstellungen über den üblichen Gehältern lägen, nicht einschüchtern lassen.

"Das mag auf den Durchschnitt auch zutreffen, aber mit zwei Fremdsprachen und meinem Fachwissen über einen ihrer wichtigsten Märkte liege ich ganz klar über dem Durchschnitt", hatte sie mit selbstbewusstem Lächeln erwidert. Schließlich hatte sie nichts zu verlieren. Die Bewerbung ins Ausland war ein Test gewesen. Oder ein Spiel vielleicht. Sie wusste es selbst nicht so genau. Erst als dann eines Tages Anfang März die E-Mail mit einem detaillierten Arbeitsvertrag zur Unterschrift in ihrer Mailbox erschien, wusste sie, dass sie den Test bestanden hatte und aus einem Spiel ernst wurde.

Lektorat: Hetzjagd

Die Szene beginnt mit einem Dialog, der uns verrät, dass gerade der Irakkrieg ausgebrochen ist und dass Sophie ausgerechnet jetzt nach London zieht. Sie hat Angst, dass es auch dort Anschläge geben wird.

Anschließend wird die Vorgeschichte erzählt, wie Sophie die Stelle in London bekam und wie schwierig es war, dort eine Wohnung zu finden.

Ist das spannend? Nein.

Und warum? Weil der Konflikt fehlt.

Der Irakkrieg soll kein Konflikt sein, fragen Sie? Sie haben recht, Krieg ist einer der größten denkbaren Konflikte überhaupt. Aber hat dieser Konflikt Auswirkungen auf Sophie, die Protagonistin?

Was steht für Sophie auf dem Spiel?

Dass der Krieg zu einem Anschlag in London führen könnte, wenn sie nach London zieht. Aber so recht glaubt Sophia nicht daran. Und auch ihre Freundin sieht da kein großes Problem. Der Irakkrieg ist für die Krieg führenden Parteien ein großer Konflikt, aber nicht für die beiden Frauen in unserer Szene.

Vielleicht gibt es aber einen anderen Konflikt? Die tolle neue Stelle in London hat einen Haken, denn die Wohnungen kosten pro Woche das, was die Wohnung in Düsseldorf im Monat kostet. London hat also Nachteile. Aber nein, fügt die Geschichte gleich ein, alles ist glattgegangen, denn Sophie hat so gut verhandelt, dass sie sich diese Miete leisten kann.

Schön für Sophie, schlecht für die Geschichte. Denn eine Szene, in der keine Probleme auftauchen, hat keinen Konflikt und keine Spannung. Weswegen Autoren sich nicht überlegen sollten: Wie erleichtere ich meinen Protagonisten das Leben? Sondern: Was könnte passieren, damit sie Probleme bekommen?

Vielleicht haben die beiden Frauen einen Konflikt – die eine unterstützt den Krieg, die andere findet ihn furchtbar? Das wäre denkbar, wäre zwar kein großer Konflikt, könnte aber ihre Freundschaft gefährden. Da stünde etwas auf dem Spiel.

Nur findet sich davon nichts in der Szene.

Was also tun, wenn keinerlei Konflikt zu sehen ist?

Sehen Sie sich den Protagonisten an. Was will er? Welche Ziele verfolgt er? Was sind seine Schwächen?

In unserem Fall hat Sophia ihr Ziel, eine Stelle in London, bereits erreicht. Das bietet also keinen Konflikt. Aber was ist mit der neuen Wohnung? Vielleicht ist Sophia nicht so gut im Verhandeln, hatte einen höheren Lohn ausgehandelt, aber falsche Vorstellungen von den Londoner Mietpreisen? Von dem tollen neuen Lohn wird nicht viel übrig bleiben. Sie hat keine große Auswahl, was die Wohnung angeht, sie muss nehmen, was kommt. Und sie unterschreibt einen Vertrag für eine kleine Wohnung in einem baufälligen, alten Haus, die erstaunlich billig ist. Bald stellt sie aber fest, dass es Gründe für die erstaunlich billige Miete gibt. Denn ...

Sehen Sie, was ich gemacht habe? Ich habe in einem Text, in dem alles gut läuft, etwas schiefgehen lassen. Ich habe aus der erfolgreichen Sophia eine etwas naivere Protagonistin gemacht. Das hat Konsequenzen. Oft ist der erste Entwurf von Autoren viel zu brav, zu freundlich. Sie lieben ihre Protagonisten, sie wünschen ihnen alles Gute. Aber gute Wünsche sind keine gute Voraussetzung für spannende Geschichten. Dann entstehen Szenen wie die obigen, in denen alles glattgeht.

In diesem Fall lohnt es sich, zu schauen, ob es irgendwo einen Konflikt, ein Problem gibt, das viel zu schnell gelöst wird. In der Regel deshalb, weil der Autor seine Helden nicht leiden lassen will. Deshalb sollte man genau an dieser Stelle ansetzen. Was wäre, wenn dieses Problem nicht sofort gelöst wird? Die Schwierigkeiten größer wären? Der Autor sie nicht sofort aus dem Weg räumte? Man könnte zum Beispiel die Heldin in ein fragwürdiges Flat verbannen, wo sie etwas erwartet. Etwas, das nicht nett und freundlich ist und das sich auch nicht gleich bewältigen lässt.

Übung

Nehmen Sie den Helden einer Ihrer Geschichten. Wenn Ihnen keiner einfällt, nehmen Sie eine Person, die Sie bewundern. Was wäre das Schlimmste, das ihr zustoßen könnte?
   Schreiben Sie eine Szene, in der ihr genau das passiert. Dann lesen Sie sich die Szene laut vor.
   Wird der Held in der Szene lebendig? Geht die Szene trotzdem gut aus?
   Dann schreiben Sie die Szene um und lassen diesmal Ihren Helden scheitern.
   Wenn Ihr Held in der ersten Fassung scheiterte, schreiben Sie jetzt die Szene so um, dass er als Sieger daraus hervorgeht. Sie sollten aber keine der Schwierigkeiten aus der Urfassung weglassen, um ihm die Arbeit zu erleichtern.

Motive und Ziele

Wir haben es bereits gesehen: Personen benötigen Motive und Ziele, damit sie in Konflikt geraten. Wenn Romeo sich nicht in Julia verliebt hätte, hätte er kein Motiv, um sie zu kämpfen. Wenn James Bond der Untergang der westlichen Welt egal wäre, würde er kaum sein Leben riskieren, um die Bösewichte auszuschalten.

Ahab, dem Moby Dick das Bein geraubt hat, ist von dem Wunsch nach Rache zerfressen, sonst würde er einen weiten Bogen um den weißen Wal machen. Don Quichotte möchte unbedingt in der Welt der edlen Ritter leben. Beckmann, der Held aus Borcherts »Draußen vor der Tür«, kommt verzweifelt aus dem Krieg zurück und will die Verantwortung für seine Taten abgeben. Oskar Matzerath, der Held der Blechtrommel, will nicht mehr wachsen und verweigert sich der Welt der Erwachsenen.

Das Ziel ergibt sich aus dem Motiv, muss für die Figuren wichtig sein, und der Leser muss es nachempfinden können. Das heißt aber nicht, dass das Ziel für den Leser genauso wichtig sein muss.

Protagonist und Antagonist benötigen Motive und Ziele, und diese sollten möglichst anschaulich, möglichst konkret sein. Homers Griechen wollen Troja zerstören (Ziel), weil die Trojaner die schöne Helena entführt haben (Motiv). Ahab, der Kapitän aus Moby Dick, will sich an dem weißen Wal rächen (Ziel), weil der ihn das Bein gekostet hat (Motiv).

Anfänger verwenden gerne abstrakte Ziele, die nicht anschaulich sind. Ahab, der die Menschheit vor gefährlichen Tieren bewahren will, Achill, der das Abendland retten will, all das wären weniger geeignete Konflikte. Sowohl Homer, der Autor der Ilias, als auch Herman Melville, der Autor von Moby Dick, wussten dies. Geschichten handeln von den Gefühlen, die Menschen antreiben. Die Leser müssen die Gefühle nachempfinden, müssen mit den Figuren mitfühlen, damit Spannung entsteht. Wer abstrakte Ideen darstellen und diskutieren will, sollte ein Sachbuch schreiben.

Was für die Protagonisten gilt, ist für Antagonisten genauso wichtig. Mephisto will Fausts Seele gewinnen – für einen Teufel ein nachvollziehbares Ziel. Die Mörder im Krimi möchten nicht entdeckt werden. Sie sollten aber auch ein gutes Motiv für ihren Mord haben. Der böse Lord im Herrn der Ringe will den letzten Ring gewinnen, der ihm die Herrschaft über Mittelerde sichern wird (Ziel). Sein Motiv ist klar: Er will die Macht, die Weltherrschaft wie Tausende vor ihm und Tausende nach ihm. Nur wenige davon konnten das aber so eindrücklich verfolgen wie Sauron.

Um einen Konflikt und die zugehörigen Helden und Bösewichte zu testen, ist es immer eine gute Idee, sich zu fragen: Was würde passieren, wenn die Person ihr Ziel nicht erreicht?

Lautet die Antwort: nichts, hat der Autor ein Problem. Dann könnten Held und Bösewicht einfach aus der Geschichte herausspazieren. Romeo könnte eine Cousine aus dem eigenen Clan heiraten und Julia einfach vergessen. Der Hobbit, der den Ring in jeder beliebigen Schmiede einschmelzen lassen könnte, müsste nicht durch Mittelerde reisen, um ihn zu vernichten. Voldemort, der nur ein schönes Leben führen will, könnte beschließen, fortan Ananas in Hogwarts zu züchten und Harry Potter bei den Hausaufgaben zu helfen.

Wenn Sauron aufgrund eifriger Yoga-Übungen zu dem Entschluss kommen würden, dass das Streben nach der Macht in Mittelerde ihm kein glückliches Leben bescheren wird, dann würde er den Ring Ring sein lassen, Frodo einen Gutschein zur Yoga-Meditation schenken, und damit wäre die Geschichte um den Herrn der Ringe beendet.

Während die Motive und Ziele stets anschaulich und konkret sein sollten, ist es immer eine gute Idee, den Ausgang des Konfliktes im Ungewissen zu lassen. Ein Krimi, bei dem es darum geht, wer der Mörder ist, sollte den Täter möglichst nicht gleich erahnen lassen. Ein Krimi, bei dem es darum geht, wie es zur Tat kam, darf den Täter gleich auf der ersten Seite vorstellen – sollte aber das Motiv im Dunkeln lassen.

Beispiel: Menschen

In einer fernen, dystopischen Zukunft lebt Held zufrieden unter der allumfassenden Kontrolle der Stadtverwaltung und unter ständigem Einfluss der Droge Inscius. Lediglich seine Lebenspartnerin Felin stört sein bequemes Dasein.

»Willst du mit zu mir kommen, oder soll ich mit dir nach Hause kommen?«, fragte sie schließlich. Held hatte mit dieser Frage gerechnet. »Komm mit zu mir!«, antwortete er.

Felins Anwesenheit war ihm in letzter Zeit zunehmend anstrengend geworden. Gerne hätte er den Abend wieder alleine verbracht. Doch er wagte nicht, diesen Wunsch zu äußern. Früher oder später würde er ohnehin mit ihr zusammenziehen. Schon bald würde man ihnen einen Termin für die Vermählung zuteilen. Sie würden Nachwuchs zeugen und ihre Tage Seite an Seite verbringen. Held rief sich ins Gedächtnis, welches Glück es war, eine Partnerin zu haben.

Nicht jeder hatte die genetischen Voraussetzungen, sich vermehren zu dürfen.

Doch wenn er diese Nacht schon nicht alleine sein konnte, dann wollte er sie zumindest in seiner eigenen Wohnung verbringen. Er konnte es nicht leiden, bei Felin zu übernachten. Er brauchte seine vertraute Umgebung, um entspannen zu können.

Erst beim Abendessen löste sich das Schweigen, das den ganzen Tag über geherrscht hatte. Felin begann zu schwärmen von der Weite der Landschaft, von der Schönheit der Berge, dem unendlichen Himmel und dem glitzernden Schnee. Held hörte sich ihre Schilderungen geduldig an, verstand aber nicht, warum sie ihm, der doch so oft da oben war, genau erklären musste, wie es dort aussah.

Endlich wurde Felin stiller, und sie aß ihren Brei, der fast eine Stunde lang unberührt in der Schüssel vor ihr gestanden hatte.

Held sah aus dem Fenster, auf den dünnen Streifen dunklen Himmels zwischen seinem und dem Nachbarhaus. Er bemühte sich, Sterne zu entdecken, ihr Anblick würde ihn angenehm beruhigen.

»Weißt du, was Freiheit bedeutet?«, fragte Felin unvermittelt in die Stille hinein. Held wandte sich ihr zu.

»Bist du müde, möchtest du ins Bett gehen?«, fragte er.

Felin schien ihn gar nicht zu hören. »Ich denke schon den ganzen Tag darüber nach«, sagte sie, »ich habe das Gefühl, dass wir nicht so frei sind, wie wir es sein könnten.«

Held gähnte. »Es war ein langer Tag heute, und du bist sicher müde.«

»Arbeiten, essen und schlafen, das ist alles, was wir tun«, entgegnete Felin weiter.

»Und wir haben alles, was wir brauchen«, ergänzte Held.

Doch er schien etwas Falsches gesagt zu haben. Felin sah ihn aufgeregt an. »Das kann doch nicht alles sein!«, sagte sie aufgeregt, »es muss doch noch mehr geben als das! Wir entscheiden uns ja nicht einmal dafür. Wir denken nicht daran, dass wir unser Leben auch anders gestalten könnten, nicht wahr?«

Held rieb sich müde die Augen. »Was meinst du damit?«, fragte er unwillig.

»Wenn wir unsere Entscheidungen nicht selbst treffen, dann sind wir nicht frei«, antwortete Felin. Sie nahm seine Hand in die ihre, beugte sich etwas vor und flüsterte: »Wir könnten uns dafür entscheiden, anders zu leben, zum Beispiel Inscius nicht einzunehmen, nicht zu arbeiten. Das wäre ein Akt der Freiheit …«

Held überlegte. Es war klar, dass sie von ihm erwartete, darauf zu antworten. So dachte er eine Weile nach. »Was sollen wir denn mit der Freiheit?«, fragte er schließlich. »Heißt

Freiheit nicht vor allem, dass wir zu essen, zu trinken und ein Dach über dem Kopf haben?«

Felin schüttelte unwillig den Kopf: »Freiheit bedeutet zum Beispiel, dass ich die Stadt dann verlassen kann, wann ich will. Hättest du mich heute nicht mitgenommen, so wäre ich niemals hinauf aufs Plateau gekommen.«

»Und das aus gutem Grunde«, warf Held ein. »Ich habe schon einige Male erlebt, mit welch zerstörerischer Wucht Schneestürme hereinbrechen können ...«

Felin unterbrach ihn mit einem unwirschen Seufzer. »Aber darum geht es doch nicht«, sagte sie. »Es geht darum, dass niemand, außer einigen Arbeitern, den Aufzug benützen darf. Und nur mit diesem Aufzug kommt man aus der Stadt hinaus.«

»Wie gesagt, es hat alles seinen Sinn«, entgegnete Held gelangweilt.

»Und überhaupt ...«, warf Felin ein, »wer wird denn dafür ausgewählt? Warum bist du Elektriker und ich nicht? Warum wird uns alles vorgegeben, sogar welchen Job wir zu erlernen haben?«

Held entfuhr ein tiefer Seufzer. »Es ist doch gar nicht so wichtig, was man tut, wichtig ist nur, dass man etwas zu tun hat.«

»Dummes Gerede!«, entgegnete Felin mit lauter Stimme. »Du wiederholst nur das, was sie dir schon dein ganzes Leben lang eintrichtern.«

»Was ist nur mit der lieben, ruhigen Felin passiert, die du früher warst?«, fragte Held, während Verzweiflung in ihm aufstieg. Er stand auf, begab sich zum Spülbecken. Dort holte er die Dose Inscius vom Regal und gab einen Löffel des Pulvers in seine Tasse. Auch für Felin rührte er ein Glas an.

Er setzte die Tasse an die Lippen. Da spürte er Felins Hand auf seinem Arm. Sie stand dicht an ihn geschmiegt.

»Es ist das Pulver, das uns so gleichgültig macht«, sagte sie. Ihre Augen funkelten.

Held hielt einen Moment inne, dann setzte er an und trank die Tasse in einem Zug leer. »Das Pulver hilft Verwirrung zu beseitigen«, zitierte er eine der gängigen Formeln.

Er hielt Felin ihr Glas hin. »Trink!«, forderte er sie auf, »bald ist alles wieder gut.«

Doch Felin wandte sich von ihm ab. »Ich nehme das Pulver nicht mehr. Schon vor einigen Wochen habe ich damit aufgehört«, sagte sie.

Held bemerkte ihren trotzigen Blick. »Es wäre besser, du würdest es nehmen«, entgegnete er genervt.

Plötzlich packte ihn Felin an den Schultern, zog ihn zu sich, bis sein Gesicht nahe an ihrem war. »Ich fühle mich so einsam wie nie zuvor in meinem Leben«, flüsterte sie. Eine Träne rann über ihre Wange.

»Trink doch!«, bat Held, »du weißt, was passieren kann, wenn du dein Pulver nicht nimmst. Sie warnen uns doch immer davor.« Er bemühte sich um einen strengen Ton in seiner Stimme, »Willst du, dass deine Gefühle alle Macht über dich gewinnen und dich ins Chaos stürzen?« Er blickte in ihre tränenden Augen.

Felin nahm das Glas. Sie betrachtete es, drehte es in ihren Händen hin und her. Held legte ihr den Arm um die Schulter. »Gleich geht es dir besser!«, sagte er.

Da ließ Felin ihre Hand ins Spülbecken sinken. Die Tasse entglitt ihr, die trübe Flüssigkeit verteilte sich im Becken. Felins Augen richteten sich auf Held, betrachteten ihn aufmerksam. »Es gibt kein Zurück mehr«, sagte sie. Dann wandte sie sich abrupt von ihm ab.

Lektorat: Menschen

Eine Dystopie, ähnlich »1984« und »Schöne neue Welt« (»Brave New World«). Die Stadtverwaltung regelt alles: Sie sucht die Lebenspartner aus; sie bestimmt, dass die Menschen eine Droge nehmen müssen, die verhindert, dass sie im Gefühlsüberschwang Unbedachtes tun; sie regelt sogar, wer wann in den Bergen spazierengehen darf.

Noch ist die Geschichte eng an ihre Vorbilder angelehnt, die allmächtige Stadtverwaltung, die Droge, die jeder einnehmen muss, die verordneten Wanderungen.

Wer ist Protagonist, wer Antagonist?

Das ist einfach, sagen Sie? Held und Felin? Felin ist sicher der Protagonist, die Figur, mit der der Leser mitfiebern wird. Weil sie die Rolle dieser Gesellschaft infrage stellt. Auch, weil für sie das meiste auf dem Spiel steht, nicht anders als für Winston Smith in »1984«. Wenn Sie Zweifel haben, wer der Protagonist einer Geschichte ist, hilft immer die Frage weiter: Für wen steht am meisten auf dem Spiel? Und wessen Handlungen bestimmen die Geschichte?

Ist Held hier der Antagonist?

Wer ist in 1984 der Antagonist, der Bösewicht? Der große Bruder und die Gesellschaft, die er verkörpert. Held ist in obiger Geschichte nur eines der Werkzeuge. Denn er hat einfach nicht das Format eines richtigen Bösewichts. Dazu müsste er mehr eigenes Profil haben.

Die Gesellschaft mit ihren verordneten Drogen, ihren Regeln und Zwängen ist es, die Felin entgegengetreten und einengt.

Ach ja, der Name »Held« ist unglücklich gewählt. Weil das Wort so eine eigene Bedeutung hat, sollte man es nicht als Eigennamen verwenden. Das verwirrt die Leser.

Zurück zum Antagonisten. Sie sehen, ein Antagonist muss nicht eine einzelne Person sein, es kann eine Personengruppe sein, eine Gesellschaft, aber auch etwas aus der Natur. Ein Mann, der sich mit einer Jolle durch einen Sturm kämpft, hat das Meer und den Sturm als Antagonisten. Viele Schreibratgeber sprechen deshalb auch von »antagonistischen Kräften« statt vom Antagonisten.

Spannung verlangt einen tollen Antagonisten

Wie wird im obigen Beispiel die Droge von der Stadtverwaltung gerechtfertigt?

»Willst du, dass deine Gefühle alle Macht über dich gewinnen und dich ins Chaos stürzen?«, wiederholt Held die gängige

Begründung. Aber das ist eine schwache Begründung. Würden Sie das glauben? Läuft es Ihnen kalt den Rücken herunter, wenn Sie das lesen?

Mir nicht.

Zu einem guten Antagonisten gehört, dass er sich rechtfertigen kann. Dass er Leute überzeugt, ihm zu folgen. Dass seine Argumentationen nicht so lahm klingen, dass niemand sie ernst nehmen kann. Sondern dass der Leser sich fragt: Könnte der sogar recht haben? Natürlich nicht, aber man versteht, warum die Leute ihm folgen. Ein guter Antagonist ist überzeugt, dass er recht hat. Er hat Argumente.

Wie würde also eine medizinisch organisierte Welt sich heute begründen? Vielleicht dadurch, dass die Droge das psychische Gleichgewicht herstellt? Dass seitdem die Gewalttaten abgenommen haben? Dass die Menschen nicht mehr von ihren Emotionen übermannt werden, nicht mehr Dinge tun, die sie später bereuen müssen?

Was auch immer, nehmen Sie Ihren Antagonisten ernst, lassen Sie ihn überzeugend argumentieren. Ein guter Antagonist ist ein starker Antagonist. Am besten, wenn er am Anfang sogar sehr viel mächtiger ist als der Protagonist. Wenn er überzeugende Argumente hat. Wenn es fast ausgeschlossen erscheint, dass jemand gegen ihn bestehen könnte.

Erst die Handlung

Sehen Sie sich den Text noch einmal an. Wie ist er aufgebaut, wo erfahren wir etwas über das politische System?

Zunächst wird uns das System in den ersten Absätzen erklärt. Dann erleben wir es in dem Dialog. Was gefällt Ihnen besser? Was halten Sie für spannender?

Ich finde den Dialog am spannendsten. Felin will über ihr Leben reden und es selbst bestimmen; Held will das vermeiden.

Felin sagt: »*Weißt du, was Freiheit bedeutet?*« – »*Bist du müde, möchtest du ins Bett gehen?*«, antwortet Held.

Da wird der Konflikt deutlich. Held möchte auf gar keinen Fall über das Thema reden, er weicht aus. Ein guter Trick in Dialogen, um Spannung zu erzeugen. Dialoge, in denen die beiden Partner unterschiedliche Ziele haben, sind immer spannender als solche, in denen sich beide bestätigen. Noch besser, wenn beide aneinander vorbeireden.

Und in diesem Dialog wird das System durchaus deutlich. Nicht so allgemein wie in den ersten Abschnitten, dafür aber viel anschaulicher.

Sprich: Ich glaube, es wäre besser, mit dem Dialog zu beginnen.

Das gilt übrigens nicht nur für dieses Beispiel. **In aller Regel ist es besser, mit der Handlung oder dem Dialog zu beginnen und erst dann die Hintergründe zu erklären.** So werfen Sie Fragen auf, und oft können Sie sich die Erklärungen danach ganz sparen oder nur kurz anreißen.

Das Vorbild und wie man sich davon löst

Musiker beginnen ihre Karriere damit, die Werke ihrer verehrten Vorbilder nachzuspielen. Bei Autoren gilt das als verwerflich, sie sollen von Anfang an Originalität zeigen, so die gängige Meinung. Dabei lernen auch Autoren von Vorbildern; von den Büchern, die sie begeistert haben; davon, dass sie Ähnliches schaffen wollen. Dagegen ist nichts, aber auch gar nichts einzuwenden. Man kann sich schlechter Vorbilder wählen als George Orwell.

ABER: Irgendwann muss man sich von dem Vorbild lösen, um Eigenes zu schaffen.

Und wie tut man das?

Indem man das sucht, was das eigene Werk zu etwas Eigenständigem macht. Was heißt das in unserem Beispiel? Dass man die Droge und den großen Bruder nicht einfach übernimmt. George Orwell hat sich an dem Stalinismus und den Nazis seiner Zeit orientiert, die er als Bedrohung ansah, und hat sich gefragt: Was wäre, wenn sich daraus ein weltumspannendes System der Kontrolle entwickeln würde? Daraus entstanden der große Bruder und »1984«. In »Brave New World« hält eine Droge die Menschen gefügig.

Aber der Stalinismus ist tot und der Faschismus längst nicht mehr so mächtig wie zu Orwells Zeiten. Was wäre also heute eine Bedrohung, wie würde ein System aussehen, das die Menschen kontrolliert?

Nehmen wir einmal die Droge: Wie sieht es denn heute mit verschriebenen Drogen, Medikamente genannt, aus?

Richtig, Ärzte kontrollieren, ob die Menschen sie in vorgeschriebener Dosis nehmen. Heute, in Zeiten der ausgefeilten Blutuntersuchungen, werden die Menschen regelmäßig daraufhin kontrolliert, ob sie die Droge auch nehmen und ob die Dosis stimmt.

In der Geschichte hätte eine solche Kontrolle einen Vorteil: Dass Felin die Droge nicht mehr nimmt, wäre damit sehr viel gefährlicher, weil es bald auffliegen würde. Sich in die Geschichte konsequent zu versenken, sich zu fragen: Was würde heute logischerweise passieren?, das kann zu sehr viel spannenderen Lösungen führen. Nehmen Sie nicht einfach die klassischen Vorgaben der Bücher, die Sie lieben. Fragen Sie sich: Was würde heute geschehen?

Welche Folgen hätte es heute, wenn Sie eine staatlich verordnete Droge nicht mehr nehmen würden? Denken Sie an Hartz IV. Ihnen würde vielleicht die Krankenversorgung gekürzt werden, denn Sie gefährden Ihre Gesundheit. Werden Sie mehrmals bei den Blutuntersuchungen auffällig, dann gehen die Kürzungen weiter. Sie können vielleicht »zur Neueinstellung« in die Klinik eingewiesen werden. Alles selbstverständlich zu Ihrem Besten, schließlich gefährden Sie in hohem Maße sich selbst. Lassen Sie also die Fantasie spielen, nehmen Sie heutige politische Systeme als Ausgangspunkt Ihrer Dystopie.

Der Verrat

Und dann kommt der Verrat. Das steht nicht mehr in obigem Text, ist aber die Folge dieser Szene: Held verrät seine ihm zugeteilte Lebenspartnerin. Er tut das, weil er Ruhe vor ihr haben will. Das ist ein recht schwacher Grund. Legen Sie die Latte höher. Er will nicht nur Ruhe haben, er hält es für seine Pflicht. Weil er damit verhindert, dass Felin abstürzt, all die furchtbaren Dinge erleben muss, vor denen die Droge die Menschen bewahrt.

Verrat ist immer gut, um Spannung zu erzeugen. Wir fürchten Verrat, fürchten, dass unsere Lebenspartner uns verlassen, dass unsere Kollegen auf unsere Kosten Karriere machen wollen – und in totalitären Systemen kann Verrat lebensbedrohlich werden.

Dieser Verrat wäre ein erster Höhepunkt in der Geschichte. Die Szene, die hier vorliegt, ist der Beginn der Spannung, ihr fehlt aber der Höhepunkt, der nur angedeutet wird.

Übung

Erinnern Sie sich an Ihren Helden aus der letzten Übung? Gut!
Hat er einen Freund, dem er unbedingt vertraut? Dann schreiben Sie jetzt die vorige Szene so um, dass dieser Freund dafür sorgt, dass Ihrem Helden das Schlimmstmögliche zustößt.

Personen erschaffen

Wie kommen Autoren zu ihren Figuren? Wie schaffen sie Menschen, die so lebendig und authentisch wirken, dass Leser bereit sind, viele Stunden mit ihnen zu verbringen, ja, sogar auf eine Fortsetzung hoffen?

Halten Sie die Augen offen. Jedem von uns begegnen täglich die verschiedensten Menschen. Jeder dieser Menschen hat ein Schicksal, hat Höhepunkte und Abstürze erlebt. Hören Sie genau zu, wenn erzählt wird. Viele der Geschichten klingen unglaublich.

Der Theologieprofessor, der früher Cowboy war und bei Feiern seinen Studenten Lassotricks vorführt. Der Restaurantbesitzer, bei dem die Schickeria und Prominenz ein- und ausging, der in einer glücklichen Homobeziehung lebte, und dann wurde sein Freund bei einem Autounfall so schwer verletzt, dass er jetzt im Koma liegt. Seitdem trinkt der Wirt, hat das Restaurant verloren, lebt auf der Straße und konsumiert an guten Tagen zwei Flaschen Wodka. Das Mädchen, dessen Mutter überall erzählt, dass ihre Tochter das Gymnasium nicht schaffen wird, obwohl es dafür keinen Grund gibt.

Der patriotische deutsche Ingenieur, der 1914 in Wladiwostok lebte und sich nach Ausbruch des Ersten Weltkriegs nach Deutschland durchschlagen wollte, um sein Vaterland zu verteidigen. Viele Deutsche im Ausland reisten auf holländischen Schiffen in die Niederlande und gaben sich als Niederländer aus. Die meisten flogen auf, weil man damals deutsche Akademiker an den Schmissen erkannte, die sie bei den studentischen Mensuren erhalten hatten. Doch dieser Ingenieur hatte keine, er kommt ins Vaterland zurück, wird im Schnellverfahren an der Waffe ausgebildet, kommt an die Ostfront, gerät beim ersten Gefecht in russische Gefangenschaft – und landet in einem Kriegsgefangenenlager in Wladiwostok.

Oder der Mann, der immer wieder vom Alkohol loskam und stolz berichtete: »Du darfst dir nicht vornehmen, die nächste Woche nichts mehr zu trinken, du darfst dir nur vornehmen: Heute trinke ich nichts.« Doch immer wieder stürzte er ab und schließlich erstickte er bei einem Schwelbrand in seinem Zimmer – er hatte vermutlich im Bett geraucht.

Sie sehen, zu Personen gehören auch ihre Geschichten, denn die sind es, die sie prägen. Und das, was sie tun, verrät uns, wer sie sind. **Gehen Sie aufmerksam durchs Leben, schreiben Sie sich auf, was Ihnen begegnet, was Ihnen erzählt wird.** Sie glauben gar nicht, was für Schicksale es gibt, ganz andere, als sie auf den Hochglanzseiten unserer Medien zu sehen sind.

Natürlich dürfen Sie keine lebenden Personen in Ihren Büchern 1:1 abbilden. Sonst könnte man Sie verklagen. Das Persönlichkeitsrecht schützt die Privatsphäre der Menschen, und dort findet die Kunstfreiheit eine Grenze. Wer zum Beispiel die Nacktfotos seiner Ex bei Facebook hochlädt, kann sich auch nicht auf die Kunstfreiheit berufen.

Ist eine Figur in einem Roman eindeutig erkennbar, kann sie den Roman verbieten lassen. Henryk M. Broder schilderte in einem Roman seine Exfreundin mit allen Details: Wohnung, Karriere, alles hat er übernommen. Seine Ex fand das nicht lustig, und das Buch wurde verboten.

Aber Sie können Personen verfremden. Verwenden Sie auf keinen Fall die richtige Adresse, nehmen Sie ein anderes Stadtviertel. Ändern Sie den Beruf oder das Aussehen. Wenn die Person einen Preis gewonnen hat, dann lassen Sie sie einen ganz anderen Preis gewinnen. Ändern Sie Geschlecht oder Alter. Am besten kombinieren Sie zwei Personen. Dann sind Sie auf der sicheren Seite.

Manche Autoren hängen sich auch ein Bild eines Schauspielers an den Computer, des Schauspielers, der ihrer Meinung nach am besten die Figur Ihres Romans darstellen könnte. Oder ein anderes Foto.

Sie können Ihre Figuren sprechen lassen. Geben Sie ihnen eine Stimme, lassen Sie sie aus der Ich-Perspektive von sich erzählen.

»Ich bin Hamlet und kann mich nie entscheiden. Seit mein Vater tot ist, ist es immer schlimmer geworden. Und da ist noch Ophelia, auch da weiß ich nicht ...«

Manche führen auch Interviews mit ihren Figuren. »Warum stehen Sie auf kleinen Mädchen, lieber Faust?«

Damit geben Sie Ihrer Figur eine Stimme, Sie sind näher an der Figur, betrachten sie nicht nur von außen, sondern erfahren, wie sie im tiefsten Innern tickt, wie sie spricht. Oft können Sie diese Texte später in Ihrer Geschichte verwenden.

Beispiel: Feuerdämon

Prolog

Helmut Winklers Gesicht war schneeweiß vor Aufregung. Ungläubig starrte er auf den Brief. Seine Haushälterin hatte ihn auf seinen Frühstückstisch gelegt, nicht ahnend, dass sie ihn damit in die Vergangenheit zurückführte. Diese Schrift, er kannte sie wie seine eigene, doch er hatte sie seit 25 Jahren nicht mehr gesehen. Seit sein bester Freund gestorben war. Nun aber hatte er den Brief vor sich. Eigentlich sollte er sich nicht wundern. Thomas war auch zu Lebzeiten immer für Überraschungen gut gewesen. Doch über den Tod konnten sich selbst Thomas und seine Kräfte nicht hinwegsetzen.

Mit zitternden Händen öffnete Helmut den Brief, beinahe hätte er ihn zerrissen. Das Papier trug das Datum von Thomas` Todestag.

Fasziniert begann Helmut zu lesen.

Mein lieber Freund,
Ich schreibe dir heute aus traurigem Anlass. Wenn du diese Zeilen liest, bin ich schon lange tot. Mach dir keine Vorwürfe, weder du noch ich hatten die Macht, meinen Tod zu verhindern. Trotzdem bin ich dir dankbar, dass du es versucht hast.

Helmut legte das Blatt beiseite, um sich eine Träne aus dem Augenwinkel zu wischen. Nein, sie hatten es beide nicht verhindern können. Dass Thomas schon über seinen eigenen Tod Bescheid gewusst hatte, bevor es so weit war, erschreckte ihn zutiefst. Er schluckte schwer und las weiter.

Nun, mein lieber Freund und Schüler, ich habe leider nicht viel Zeit, dir das Wichtigste mitzuteilen, was in meinem Leben geschehen ist: Renate ist schwanger. Sie weiß es selbst noch nicht, doch ich habe es gerade eben gesehen. Du weißt, dass ich das nicht wollte, denn was wird der arme Junge schon erben? Meinen Namen erbt er nicht, mein Vermögen ist bereits verplant, und ich habe leider nicht die Zeit, die Vorkehrungen, die ich getroffen habe, rückgängig zu machen. Allein den Fluch meiner Gabe werde ich ihm hinterlassen. Auch meiner geliebten Renate kann ich nichts vermachen, außer einem Kind, das ich nie haben wollte.

Helmut ließ das Papier wieder sinken. Thomas und Renate waren ein schönes Paar gewesen, aber Thomas hatte sich geweigert, ihr diesen einen Wunsch, gemeinsam eine Familie zu gründen, zu erfüllen. Sein Leben hatte er ganz dem Kampf gegen das Böse gewidmet, obwohl er nie etwas anderes gewollt hatte, als ein normales Leben zu führen. Helmut hatte oft mit Renate über ihren Kinderwunsch gesprochen. Sie hatte versucht, Thomas zu verstehen. Wie Helmut konnte auch sie nicht begreifen, weshalb Thomas seine Kräfte als Fluch sah. Er widmete sich wieder dem Brief:

Ich habe viel darüber nachgedacht, wie es nun weitergehen soll, und mich dazu entschlossen, dir erst jetzt, wenn mein Sohn erwachsen ist, von ihm zu erzählen. Ich möchte meinem Sohn die Chance geben, normal aufzuwachsen, denn ich selbst hatte diese Möglichkeit nicht. Trotzdem möchte ich ihm einen Mentor zur Seite stellen. Du bist der Einzige, dem ich das Wohlergehen meines Sohnes anvertrauen kann. Renate wird ihn zu einem großartigen Menschen erzogen haben, doch wie er mit seiner Gabe umgehen muss, das kann er nur von jemandem lernen, der sie selbst besitzt. Daher bitte ich dich, steh meinem Sohn zur Seite und hilf ihm, seine Kräfte zu kontrollieren. Ich kann nur hoffen, die richtige Entscheidung getroffen zu haben, dir erst jetzt von meinem Sohn zu erzählen. Sieh es nicht als Zeichen mangelnden Vertrauens. In diesem Moment, jetzt gerade, halte ich es für die beste Möglichkeit.

Thomas

Helmut legte den Brief beiseite. Das Schicksal war so grausam. Renate hatte nach Thomas' Tod ein neues Leben begonnen und Helmut nicht wieder kontaktiert. Trotzdem hatte er von ihrem tragischen Ende gehört. Sie war nur wenige Jahre nach Thomas an Krebs gestorben. Thomas' Sohn war eine Waise. Wie alt mochte der Junge sein? Helmut erinnerte sich nicht. Er würde Nachforschungen anstellen müssen. Er konnte nicht davon ausgehen, dass der Junge etwas von seinen geerbten Kräften wusste.

Donnerstag, 17. April

Feuer, überall! Meine Welt war ein prasselnder, glühend heißer Höllenpfuhl. Eine Welle unkontrollierbarer Panik spülte jeden rationalen Gedanken davon. Wie verrückt wollte ich laufen, dem Feuer entkommen, doch ich konnte nicht, konnte mich kaum einen Millimeter bewegen. Wie wild versuchte ich, mich zu befreien. Vor lauter Panik begriff ich erst, dass ich gefesselt war, als die Stricke so tief in meine Haut schnitten. Der Schmerz ließ mich zur Vernunft kommen.

Wehrlos stand ich da, angebunden wie ein Tier. Ich versuchte, Rauch und Feuer mit meinen Blicken zu durchdringen, um irgendetwas zu sehen. Doch Tränen löschten aus, was sich vielleicht hinter den Flammen verbarg.

Hustend versuchte ich noch einmal, mich zu bewegen, vorsichtiger diesmal. Vor Schmerzen stöhnte ich auf. Jede Bewegung tat so weh, als wären mir alle Knochen gebrochen. Mühsam gelang es mir, den Kopf zu heben. Über mir gab es keine Flammen, nur Stein und Rauch. Der Anblick half mir, endlich wieder klare Gedanken zu fassen. Warum verbrannte ich nicht? Vorsichtig senkte ich den Kopf, blickte an mir herab. Das Feuer war da, gierige Flämmchen leckten an meinen bloßen Füßen, doch sie schienen mir nichts anhaben zu können.

Ich fühlte, wie ich langsam loskam, wie durch ein Wunder. Ich sank kraftlos zu Boden, als meine schmerzenden Beine unter dem Gewicht meines Körpers nachgaben. Endlich waren auch meine Arme frei. Die Stricke waren einfach verkohlt.

Noch immer brannte ich nicht, nicht einmal Brandblasen zeigten sich. Mit wild hämmerndem Herzen griff ich in eine Flamme. Ich fühlte die Hitze, doch meine Haut war frisch und rosig, löste sich nicht schwarz und verkohlt von den Knochen.

Wieder versuchte ich, mit Blicken die Flammen zu durchdringen, zwinkerte die Tränen weg. Ich sah eine menschliche Gestalt, verzerrt von Hitze und Rauch stand sie, mit beschwörend erhobenen Armen, vor dem Feuer. Schon wollte ich auf sie zu kriechen, als mein Blick an etwas anderem, etwas Neuem hängen blieb. Zwischen mir und der Gestalt begannen die Flammen sich zu verdichten. Von dem Phänomen ging ein Grauen aus, das mich wieder in Panik versetzen wollte. Zugleich berührte es etwas, tief in mir. Etwas, das aus langem Schlaf geweckt wurde, viel zu fasziniert, viel zu gebannt war, um davonzulaufen. So starrte ich paralysiert in Flammen und Rauch, die etwas gebaren, das meinem menschlichen Bewusstsein unendlich fremd war.

Es gewann zunehmend an Substanz, die Flammen wuchsen zusammen, drifteten auseinander und vereinigten sich schließlich doch zu einer Gestalt. Noch hatte sie keine klaren Grenzen, schien nicht sicher zu sein, als was sie Teil der Wirklichkeit werden sollte. Mal meinte ich, zwei Beine zu erkennen, dann wieder einen formlosen Balg oder eine vielgliedrige Erscheinung. Doch im oberen Teil erkannte ich deutlich Augen, flammende Punkte. Als sie mich fixierten, schienen sie sich direkt in meine Seele zu fressen. Ich wurde überschwemmt von einer Woge animalischer Fremdheit, die meine Seele erzittern ließ und jenes gerade erst entdeckte Fremde in mir zu unheimlichem Leben erweckte. Es war ein Teil von mir, doch so mächtig und Furcht einflößend, so unkontrollierbar, dass ich fühlte, wie es mich zurückdrängte, versuchte, aus mir herauszubrechen. Mein Innerstes wurde brutal zerfetzt, sowohl von dem Feuerdämon als auch von dem unbekannten Teil meines Selbst.

Ich schrie wie nie zuvor in meinem Leben. Die Pein war unbeschreiblich, ich wurde buchstäblich in meine Atome zerrissen. Ich wünschte mir, dass ich endlich verbrennen durfte. Der Tod konnte nur Erlösung bringen.

Der Blick des Feuerdämons schien sich tiefer in mich zu bohren, durchdrang mühelos die Reste meines gequälten Ich. Und dort fand er, was er suchte. Gierig sog er meine Lebenskraft in sich auf. Ich schrie noch immer, schrie und schrie und schrie ...

... und schrie, und riss die Augen auf, konnte endlich aufhören zu schreien. Schweißgebadet lag ich in meinem Bett.

Lektorat: Feuerdämon

Ein seltsamer Brief von einem Toten, der dem Empfänger seinen Sohn anvertraut. Doch der Empfänger hat keinen Kontakt mehr zu der Familie.
Sehen Sie sich den Anfang des Prologs einmal genauer an. Was kommt als Erstes, was folgt? Als Erstes trifft ein Brief ein, der den Empfänger in Aufregung versetzt; die Haushälterin hat ihn auf den Frühstückstisch gelegt, er kommt von dem besten Freund, den er seit 25 Jahren nicht mehr gesehen hat. Und der Empfänger öffnet ihn.
Ist das spannend? Nein.

Erst die Handlung, dann die Erklärung

Wir kennen weder den Grund für die Aufregung noch den Erzähler Helmut Winkler und wissen nicht, was passiert ist. Deshalb klingt das alles sehr melodramatisch. Der Text behauptet Gefühle, der Leser erfährt aber nicht den Grund dafür.
Schreiben Sie immer erst die Ereignisse, dann kommentieren Sie sie. Das sagt eine gute alte Schreibregel. Denn dann kann Ihnen der Leser folgen, und oft werden Sie feststellen, dass Sie die Ereignisse gar nicht mehr kommentieren müssen, weil die Handlungen für sich sprechen.
In unserem Fall würde ich mit dem Brief beginnen. Denn das ist der Auslöser, das Ereignis, das wichtig ist.
Und die Kommentare am Anfang? Soll man diese später einfügen? Ich finde: nein. Denn nach den ersten vier Sätzen des Briefs wird die Wirkung auf dem Empfänger geschildert:

Helmut legte das Blatt beiseite, um sich eine Träne aus dem Augenwinkel zu wischen. Nein, sie hatten es beide nicht verhindern können. Dass Thomas schon über seinen eigenen Tod Bescheid gewusst hatte, bevor es so weit war, erschreckte ihn zutiefst. Er schluckte schwer und las weiter.

Die anderen Details, dass seine Haushälterin ihm den Brief hingelegt hat, dass er ihn am Frühstückstisch liest, all das ist für den Beginn erst einmal unwichtig. Sie wollen den Leser packen, er soll weiterlesen.

In diesem Absatz würde ich die Träne aus den Augenwinkeln streichen. Warum? Gerne werden Tränen von Nachwuchsautoren benutzt, um Gefühle auszudrücken. Meist funktioniert das nicht. Einmal, weil es abgedroschen wirkt, zum anderen, weil viele Leser den Zweck erkennen: Der Autor will auf die Tränendrüsen drücken. Und sie sind verstimmt.

Den zweiten Satz würde ich auch streichen. Lassen Sie die Geschichte vorangehen, das wird ein Spannungsroman, keine poetische Geschichte!

Helmut legte das Blatt beiseite. Dass Thomas schon über seinen eigenen Tod Bescheid gewusst hatte, bevor es so weit war, erschreckt ihn zutiefst. Er schluckte schwer und las weiter.

Im übernächsten Absatz lässt Helmut wieder das Papier sinken und erinnert sich an seinen Freund und dessen Frau. Da das aber schon bei der ersten Unterbrechung des Lesens festgestellt wurde, muss das nicht mehr extra betont werden; der Text kann direkt in die Erinnerung an den Freund springen:

Thomas und Renate waren ein schönes Paar gewesen, aber Thomas hatte sich geweigert, ihr diesen einen Wunsch, gemeinsam eine Familie zu gründen, zu erfüllen. Obwohl er nie etwas anderes gewollt hatte, als ein normales Leben zu führen.

Helmut hatte oft mit Renate über ihren Kinderwunsch gesprochen. Sie konnte nie begreifen, weshalb Thomas seine Kräfte als Fluch sah. Helmut widmete sich wieder dem Brief:

Ich habe hier ein wenig gestrafft. Und den »Kampf gegen das Böse« gestrichen. Der bleibt nämlich sehr abstrakt und erhöht deswegen die Spannung nicht. Obendrein wird später gesagt, dass Thomas »*seine Kräfte als Fluch sah*«. Damit erfahren wir, dass er offenbar ungewöhnliche Kräfte besaß. Das ist zwar auch allgemein, weckt aber viel mehr Interesse als »das Böse«.

Danach lesen wir den Rest des Briefes. Und Thomas »legte den Brief beiseite«. Das wäre das dritte Mal, dass uns das erklärt wird, ich würde es deshalb streichen.

Am Schluss erfahren wir, dass Helmut gar keinen Kontakt mehr zu Renate hatte, die bald darauf starb, und dass der Sohn von Thomas als Waise aufwuchs, dessen Schicksal Helmut nicht kennt. Er vermutet, dass der Junge nichts von seinen geerbten Kräften weiß. Womit wieder die Kräfte angesprochen werden, ein Cliffhanger am Ende. Denn um welche Kräfte geht es? Der Titel »Der Feuerdämon« lässt einiges vermuten, doch um das zu erfahren, müssen wir weiterlesen.

Detailkritik

Dann kommt der Traum. Im Original ist er – wie auch der Inhalt des Briefs – kursiv gesetzt, eine gute Idee, um den Unterschied zur Realität zu kennzeichnen. Einfach mit einer Erzählung zu beginnen und irgendwann zu sagen: »Ätsch, das war jetzt ein Traum«, das ist keine gute Idee. Die meisten Leser fühlen sich dann veräppelt.

Am Traum selbst habe ich nur Details zu kritisieren. *Eine Welle unkontrollierbarer Panik spülte jeden rationalen Gedanken davon*, das klingt sehr melodramatisch, da reicht: *Panik spülte jeden rationalen Gedanken davon.*

Die Panik kommt noch mal vor: *Vor lauter Panik begriff ich erst, dass ich gefesselt war, als die Stricke so tief in meine Haut schnitten.* Das könnte man besser ohne Panik ausdrücken: *Dass*

ich gefesselt war, begriff ich erst, als die Stricke so tief in meine Haut schnitten.
Das Feuer war da, gierige Flämmchen leckten an meinen bloßen Füßen. »Flämmchen« klingt hier sehr harmlos und »*das Feuer war da*« etwas unbeholfen, außerdem wissen wir bereits, dass das Feuer anwesend ist. Wie wäre es mit: *Gierige Flammen leckten an meinen bloßen Füßen?*
Ich fühlte, wie ich langsam loskam, wie durch ein Wunder. Da reicht es, einfach zu schildern, wie die Fesseln sich lockern. Dass er das fühlt, dürfte dem Leser klar sein: *Dann lockerten sich die Fesseln.*
Zwischen mir und der Gestalt begannen die Flammen sich zu verdichten. Seien Sie vorsichtig mit dem Hilfsverb »beginnen«, damit beginnen Sie Ihren Text auszubremsen. »Verdichten« ist ein viel stärkeres Verb, stellen Sie das in den Mittelpunkt: *Zwischen mir und der Gestalt verdichteten sich die Flammen.*
Ich wurde überschwemmt von einer Woge animalischer Fremdheit, die meine Seele erzittern ließ und jenes gerade erst entdeckte Fremde in mir zu unheimlichem Leben erweckte. Auch dieser Satz lässt sich verbessern: *Eine Woge animalischer Fremdheit ließ meine Seele erzittern und weckte jenes gerade erst entdeckte Fremde in mir zu unheimlichem Leben.* Aktive Verben sind besser als das Passiv.
Mein Innerstes wurde brutal zerfetzt« und *»ich wurde buchstäblich in meine Atome zerrissen*, das klingt melodramatisch und so, als ob der Autor nicht genau weiß, wie sich der Ich-Erzähler fühlt. Das kann man streichen.

Der Erzähler

Welches »Ich« erzählt überhaupt diesen Traum? Muss das dem Leser nicht am Anfang gesagt werden?
Ich finde nicht. Denn durch die Wahl des Ich-Erzählers stellt der Autor klar, dass es ein anderer Erzähler ist als im Prolog. Vermutlich der Sohn, aber das werden wir noch erfahren. Ich halte das als Spannungselement durchaus für gerechtfertigt.

Übung

Gehen Sie spazieren, fahren Sie Straßenbahn oder gehen Sie ins Café. Tun Sie etwas, wobei Sie möglichst viele Menschen treffen. Wählen Sie einen aus, der Sie interessiert. Dann schreiben Sie eine Szene, in der dieser Mensch die Hauptrolle spielt. Wer ist es, was ist sein schwierigstes Problem? Was hindert ihn, es zu lösen?
Überarbeiten Sie diese Szene, um sie so spannend wie möglich zu gestalten.
Und dann schreiben Sie einen Satz, um diese Person, die Sie in der Szene zum Leben erweckt haben, zu charakterisieren.

Geheimnis und Perspektive

Ich habe es bereits mehrfach gesagt: Wichtig ist nicht nur das, was im Text steht, oft ist noch wichtiger, was dort nicht steht. Unerfahrene Autoren plagt oft die Vorstellung, dass sie dem Leser alles erklären müssen. Doch statt die Spannung damit zu erhöhen, töten sie sie.
Der Leser muss nicht alles wissen. Er muss genügend wissen, um orientiert zu sein. Um sich Fragen zu stellen, um weiter zu lesen. Lassen Sie ihn ruhig im Unklaren, folgen Sie Ihrem Helden, und wenn der etwas nicht weiß, müssen Sie es nicht durch einen Perspektivwechsel erklären. Das ist ein häufiger Fehler. Der Protagonist weiß etwas nicht und um dem Leser das trotzdem zu erklären, wechselt der Autor die Perspektive. Die Perspektive zu wechseln, um etwas zu erklären, ist immer eine schlechte Idee.

Was hat es überhaupt mit dieser Perspektive auf sich?

Die Perspektive sagt uns, aus welcher Sicht die Geschichte erzählt wird. Heute verwenden Autoren meist die personale Perspektive, der Leser erlebt die Geschichte aus der Sicht einer Figur, meist des Helden. Er kann das in der Ich-Perspektive tun (»Ich sah den Mörder, und er zog seine Pistole«) oder in der personalen Perspektive der dritten Person (»Sven sah den Mörder, der seine Pistole zog«).

Es gibt noch eine Sonderform der personalen Perspektive, die gerne verwendet wird. Nach jedem Kapitel oder jeder Szene wechselt die Perspektive zu einer anderen Person. Eine Szene aus der Sicht des Protagonisten, dann eine aus der Perspektive des Antagonisten, dann eine aus der Sicht eines Freundes des Protagonisten. Das nennt sich multipersonale Perspektive. »A Song of Ice and Fire« ist ein gutes Beispiel für diese Form. George R. R. Martin bietet dem Leser eine Fülle von Perspektivpersonen, aus deren Blickwinkel der Leser die Geschichte erlebt.

Stephen Kings »Es« ist ebenfalls ein bekanntes Beispiel. Er erzählt aus der Perspektive der sieben Kinder des Klubs der Verlierer, aus der eines Bösewichts und aus der Perspektive der Erwachsenen.

Im 19. Jahrhundert war die allwissende Perspektive beliebt, auch auktoriale Erzählerperspektive genannt. Der allwissende Autor erzählt die Geschichte, er kann in die Köpfe der einzelnen Personen schlüpfen, kann Bemerkungen zu der Geschichte machen, weiß alles (aber sollte auf gar keinen Fall alles, was er weiß, dem Leser erzählen!).

Beispiel: Das Haus

Das Fahrzeug bog von der Hauptstraße ab, der Lichtkegel streifte ein stählernes Tor. Dahinter tauchte die Silhouette eines grauen Gebäudes auf, das sofort wieder mit der Dunkelheit verschmolz. Die Scheinwerfer beleuchteten einen Weg, auf beiden Seiten von Bäumen gesäumt. Ihre dicht verzweigten Äste bildeten ein Gewölbe, das den fahlen Schein des Halbmondes widerwillig durchschimmern ließ.

Chiara Ludwig fuhr den Weg hinunter und stellte den Mini Cooper auf einem Parkplatz vor einem Sportstudio ab. Sie warf einen Blick auf die gläserne Eingangstür. Drinnen brannte Licht, einige Fitnessverrückte trainierten noch. Ihr Auto würde hier nicht auffallen. Sie schwang ihre Sporttasche über die Schulter und schritt den Weg zurück, den sie gekommen war, hinauf zur Klinik. Am Tor vorbei, das von einer Kamera überwacht wurde. In der Einfahrt erspähte sie den Umriss einer dunklen Limousine. Die Insassen hatten das Gebäude bereits betreten. Sie musste sich beeilen.

Außer Sicht der Kamera hastete sie den Weg hinauf zur Hauptstraße. An zwei schmalen Brücken vorbei, die vom Gebäude aus einen Graben überquerten und an einem mächtigen Zaun endeten. Stacheldraht spannte sich zwischen den Spitzen der nach innen gekrümmten Pfosten. Die sollen verhindern, dass man hier ausbricht, schoss es ihr durch den Kopf.

Nach ungefähr hundert Metern bog der Zaun von der Straße weg. Sie folgte ihm an einer Wiese entlang ins Tal hinunter. Dort, wo er in den Wald abknickte, fand sie die Stelle, die am weitesten vom Gebäude entfernt lag. Sie hoffte, dass die Bewegungsmelder an der Außenwand des Gebäudes sie hier, außerhalb des Zauns, nicht erfassen würden.

Mit einem Minibolzenschneider schnitt sie eine Öffnung in den Zaun. Sie zog einen Overall mit einer Spezialdämmung und inneren Alukaschierung über. Der sollte verhindern, dass die Körperwärme nach außen abstrahlte. Mit einem Stoßgebet, dass die Infrarot-Bewegungsmelder sie nicht erfassen möchten, robbte sie durch die Öffnung.

Sekundenlang verharrte sie, bereit, sofort zurückzukriechen. Nichts regte sich, kein Strahler flutete das Gelände an der Rückseite des Klinikgebäudes. Sie atmete durch und kroch weiter. An der Außenwand richtete sie sich auf und schlich an der Wand entlang zum nächsten Fenster. Es war von innen verdunkelt. Sie nahm einen mit Saugnapf versehenen Gegenstand unter dem Overall hervor und heftete ihn an die Scheibe. Ein dünnes Kabel verband das Mikrofon mit einem Aufnahmegerät in ihrer Tasche. Ein zweites Kabel führte vom Gerät zu einem Hörstöpsel in ihrem Ohr. Sie ließ sich aufs Gras sinken und lehnte sich gegen die Wand.

Als die drei Männer und die Frau im Raum Platz genommen hatten, trat die Person in den Raum, die zu der nächtlichen Veranstaltung eingeladen hatte. Kurz geschnittenes, weißes Haar und ein ebenso blasser Gesichtsausdruck standen im starken Kontrast zu den schwarzen, tief liegenden Augen, dem schwarzen Rollkragen und der gleichfarbigen Hose mit Bundfalte.

Wladimir Voronin nickte den Gästen zu, bevor er sich setzte. Das Licht erlosch, Bilder erschienen auf einer Leinwand. Eine Stierkampfarena irgendwo in Spanien. Ein wütender Stier griff verschiedene Toreros an. Doch die Männer trugen keine Lanzen, sie gingen dem Ungetüm nur aus dem Weg. Dann verschwanden sie, eine Tür öffnete sich in der Holzwand der Arena, und eine Gestalt trat hervor. Sie sah nicht nach einem Torero aus. Der Neuankömmling trug keine Waffe. Er hielt lediglich etwas in der Hand, das nach einem Sender aussah.

Allein mit einem Sender gegen einen entfesselten Kampfstier.

Das Tier attackierte. Der Mann drückte einen Knopf auf dem Sender. Zwei Meter vor ihm schien der Stier gegen eine unsichtbare Wand zu prallen und wendete ab. Erneut griff er an, drehte ab. Das Schauspiel wiederholte sich mehrere Male. Schließlich nahm der Mann eine Muleta, das rote Reiztuch des Matadors, in die linke Hand, mit der Rechten hielt er den Sender. Der Stier griff an, heftiger als bisher. Mit dem gleichen Resultat. Eine letzte Kameraeinstellung auf das triumphierende Gesicht des Mannes, dann war der Film zu Ende.

Die Lichter im Raum hellten auf.

Voronin erhob sich und betrachtete sein Publikum. Er räusperte sich: »Was Sie soeben gesehen haben, war der

Auftritt des Physiologen José Delgado in der Stierkampfarena von Cordoba. Er verwendete eine Methode, die der Schweizer Physiologe Walter Hess während der dreißiger Jahre erforschte und für die er 1949 mit dem Nobelpreis ausgezeichnet wurde. Delgado ließ dem Stier Elektroden in die Amygdala einpflanzen, den Bereich im Zwischenhirn, worin das Hass- und Liebeszentrum liegen. Sehr nah beieinander, meine Damen und Herren!«
Keiner der Anwesenden lachte.
»Delgado kontrollierte diese Bereiche mit einem Handsender. Genauer gesagt: Er schwächte die Aggressivität des Tieres über die Liebes-Elektrode so weit ab, dass es den Angriff stoppte, um sie dann über die Hass-Elektrode wieder zu stimulieren.«
Den Worten folgte ein Flüstern der Gäste. Voronin schwieg einen Augenblick, dann fuhr er fort: »Das war im Jahr 1965. *Heute, fast fünfzig Jahre später, sind wir in der Lage, die Beeinflussung des Gehirns ohne eingepflanzte Elektroden vorzunehmen. Ich habe mich in den letzten Jahren mit weiterreichenden Methoden befasst, die ich in meinem neuen Buch beschrieben habe. Es erscheint nächste Woche auf der Frankfurter Buchmesse. Für Sie gibt es selbstverständlich Vorabexemplare.«*

Die Zuhörer zeigten kein Interesse an den schriftstellerischen Fähigkeiten Voronins. Der kam schnell zur Sache. »Das, was ich in meinem Buch beschreibe, ist zwar bahnbrechend, aber nichts im Vergleich zu meiner letzten Errungenschaft auf dem Gebiet der Gehirnforschung. Nachdem ich Ihnen erklärt habe, um was es sich handelt, werden Sie verstehen, weshalb ich sie nicht in meinem Buch erwähnen konnte.«

Chiara richtete sich auf, um die Beine zu strecken, die einzuschlafen drohten. Außerdem wollte sie prüfen, ob der Saugnapf des Mikrofons noch an der Scheibe haftete. Im gleichen Moment, als ihre Hand das Fenster berührte, wurde der Vorhang zur Seite geschoben, das Gesicht eines Mannes sah sie verwundert an. Der Gesichtsausdruck wechselte von einem Moment auf den anderen in Wut.

Den Bruchteil einer Sekunde war sie gelähmt vor Schreck, dann schaltete ihr Gehirn auf Flucht. Sie riss das Mikrofon von der Scheibe und rannte davon. Hinter ihr wurde das Fenster aufgerissen. »Lass sie nicht entkommen!«, schrie jemand. Plötzlich badeten Scheinwerfer das Gelände im grellen Licht. Dann kamen die Schüsse.

Lektorat: Das Haus

Der Beginn eines Thrillers, eine Frau fährt über eine Straße, parkt ihr Auto dort, wo es nicht auffallen wird. Mit diesem Hinweis wird der Leser darauf eingestimmt, dass es gefährlich werden wird, dass die Frau etwas vorhat und wir uns wohl in einem Thriller oder Krimi befinden. Auch »Die sollen verhindern, dass man hier ausbricht« stimmt uns darauf ein, dass sich etwas Gefährliches, Geheimnisvolles hinter dem Zaun befindet. Nur was?

Solche kleinen Hinweise sind nützlich. Sie lassen den Leser etwas erwarten, verraten ihm aber nicht alles, sondern lassen offen, was die Frau vorhat, was sich hinter dem Zaun befindet. Wer das wissen will, muss weiterlesen. Stück für Stück wird die Spannung erhöht, bis zum Schluss die Schüsse kommen und die Szene abbricht. »Cliffhanger« nennt man das in Fachsprache. Auf dem Höhepunkt der Szene bricht der Autor ab und wechselt zu einer anderen Szene.

Perspektivwechsel

So weit, so gut. Aber was fällt an der Szene auf, was stört?

Der Perspektivwechsel. Wir sehen die Szene zunächst durch die Augen der Frau, erleben, was sie erlebt; fragen uns, was dahinter steckt. Die Frau weiß natürlich, warum sie in das Grundstück einbricht. Aber weil sie es weiß, weil das für sie selbstverständlich ist, denkt sie darüber nicht nach. Und so erfahren wir es auch nicht, sondern nur das, was geschieht.

Doch dann wechselt die Perspektive in den Raum, den die Frau nicht einsehen kann. Und uns wird erklärt, was für ein Film dort gezeigt wird. Wir erfahren zusätzliche Dinge, die die Protagonistin nicht sehen kann.

Natürlich hat das seinen Grund. Ohne diesen Perspektivwechsel könnten wir den Film nicht verfolgen. Wir wüssten genauso wenig wie die Frau, was sich im Raum abspielt.

Doch müssen wir das überhaupt wissen?

Wäre es nicht spannender, wenn wir nur einiges, aber nicht alles erfahren würden?

Sie hört, dass Personen den Raum betreten, sich hinsetzen. Dann geht die Tür erneut auf. Jemand Neues betritt den Raum. Was sagt er? »*Ich möchte Ihnen einen Film zeigen. Einen Film aus der Stierkampfarena von Cordoba.*«

Dann hört sie, wie auch dieser Mann sich hinsetzt. Was hört sie als Nächstes? Vielleicht das Schnauben des Stiers? Einer der Zuschauer stößt ein überraschendes »Oh« aus? Ein anderer flüstert der Nachbarin etwas zu, so leise, dass unsere Heldin es nicht versteht?

Den Handsender, der nur kurz in Voronins Vortrag auftaucht, könnte man deutlicher herausstellen. Statt: »*Delgado kontrollierte diese Bereiche mit einem Handsender*« wäre vielleicht besser: *Haben Sie das Gerät in der Hand von Delgado bemerkt? Das ist ein Sender. Mit diesem Gerät ...*

Wie auch immer Sie das lösen – ich würde auch hier dem Leser nicht alles verraten, sondern die Szene weiter durch die Protagonistin erleben lassen. Mit all der Unsicherheit darüber, was im Raum vor sich geht und was sie nicht weiß.

Dann kommen die Erläuterungen. Wir begreifen langsam, worum es geht. Und schließlich öffnet jemand das Fenster und entdeckt die Lauscherin ...

Weniger ist mehr. **Erzählen ist immer eine Gratwanderung zwischen dem, was der Leser weiß, und dem, was er wissen möchte, was ihm der Autor aber nicht verrät.** In diesem Falle: Was genau in dem Film stattfindet. Wie Voronin aussieht.

Gerne wechseln Autoren die Perspektive, um dem Leser etwas mitzuteilen. Sie vertrauen der eigenen Geschichte nicht. Meist ist es aber besser, innerhalb einer Szene nicht die Perspektive zu wechseln. Schon gar nicht, um irgendetwas zu erklären.

»Ein« Sportstudio oder »das« Sportstudio?

An ein paar Stellen könnte man noch feilen. Ich nenne nur eine:

Chiara Ludwig fuhr den Weg hinunter und stellte den Mini Cooper auf einem Parkplatz vor einem Sportstudio ab.

Was für eine Wirkung hat dieser Satz?
Sie parkt ihren Mini auf irgendeinem Parkplatz vor irgendeinem Sportstudio. Das ist die Wirkung, wenn Sie »ein Sportstudio«, »ein Parkplatz« schreiben. Aber ist dieser Parkplatz beliebig? Ich denke nicht. Chiara dürfte ihre Aktion geplant haben. Sie wird also das Auto auf dem Parkplatz vor dem Sportstudio abstellen. Was beim Leser den Eindruck erweckt: Da geht etwas Geplantes vor sich – nichts ist beliebig oder zufällig. Ohne dass der Autor ihm verrät, was genau geplant wurde.

Achten Sie darauf, was Sie dem Leser mit Ihren Worten sagen. Welche Assoziationen Sie wecken. Was Sie verraten – und vor allem, was nicht.

Übung

Ich hoffe, Sie erinnern sich noch an die vorigen Übungen? Nehmen Sie eine der Szenen, die Sie dort verfasst haben. Welche Perspektive hat die Szene? Personale Perspektive, der

Leser erlebt alles durch die Augen einer Figur? Allwissender Erzähler? Ich-Erzähler?

Jetzt schreiben Sie diese Szene noch einmal, diesmal aus einer anderen Perspektive. Und dann wieder aus einer anderen. Danach sollten Sie drei Fassungen der Szene haben: eine aus der personalen Perspektive der dritten Person, eine aus der Perspektive des Ich-Erzählers, eine aus der eines allwissenden Erzählers.

Welche gefällt Ihnen am besten? Schreiben Sie auf, warum diese Perspektive Ihnen besonders gefällt.

Schreiben und Rezensieren

Wissen Sie, warum ich in der vorigen Übung will, dass Sie Ihr Urteil aufschreiben und begründen?

Weil das zu einem besseren Urteil führt. Wenn Sie nur überlegen, warum etwas besser ist, bleibt vieles unberücksichtigt. Aufschreiben ist eindrücklicher, zwingt zu genauerem Arbeiten.

Außerdem sollte jeder Autor so viel schreiben wie möglich. Übung macht den Meister, das ist eine Plattitüde, aber dennoch richtig. Wenn Sie Fußballspieler werden wollen, sollten Sie so viel Fußball spielen wie möglich. Egal ob Sie die Bundesliga oder die Kreisklasse anstreben. Wenn Sie Marathon laufen wollen, sollten Sie jeden Tag viele Kilometer laufen. Und wenn Sie Schriftsteller werden wollen, müssen Sie schreiben. Jeden Tag. Damit Ihre Schreibmuskeln trainiert werden. Damit Sie Ihre Fähigkeiten weiterentwickeln.

Deshalb ist es auch keine schlechte Idee, Bücher zu rezensieren. Wenn Ihnen ein Buch gefallen hat, schreiben Sie es auf. Und begründen Sie, was Ihnen warum gefallen hat. Ein »das fand ich spannend!« reicht nicht. Sie müssen Ihr Urteil schärfen. Damit Sie Ihren eigenen Stil finden. Das geht nicht von heute auf morgen. Sie brauchen genauso viel Ausdauer wie ein Marathonläufer oder ein Fußballspieler. Und mindestens so viel

Training. Also stärken Sie Ihre Schreibmuskeln. Und Ihr Gespür für Texte und Spannung. Schreiben Sie! Jetzt!

Übung

Wundert es Sie, dass ich Ihnen gleich eine neue Schreibaufgabe gebe? Vermutlich nicht, sonst hätten Sie mein Buch nicht bis hierher gelesen.

Also los! Welchen Roman finden Sie besonders spannend? Wenn Ihnen nicht gleich einer einfällt, gehen Sie zu Ihrem Bücherregal und lesen Sie die Titel. Sicher wird Ihnen einer ins Auge stechen.

Den nehmen Sie heraus. Und jetzt schreiben Sie eine Rezension, in der Sie begründen, warum Sie dieses Buch so spannend finden.

Dann wählen Sie ein Buch, das Sie gelangweilt hat. Gerne auch eins, das Sie nicht zu Ende gelesen haben. Rezensieren Sie dieses Buch. Wenn Sie es nicht zu Ende gelesen haben, begründen Sie, warum Sie es weggelegt haben.

Wiederholen Sie diese Übung öfter. Ob Sie die Rezensionen in der Schublade liegen lassen, im Internet veröffentlichen oder gar einen eigenen Buchblog starten, spielt keine Rolle. Sie werden feststellen, dass Sie nach einiger Zeit sehr viel genauer den Finger auf problematische Stellen legen können, aber auch auf besonders gelungene.

Beispiel: Luca und Sophie

Die Mörder kamen am frühen Morgen.

Noch regte sich nichts im Haus. Ich lag dösend im Bett und lauschte dem fröhlichen Gezwitscher der Sperlinge in der alten Kastanie vor dem Fenster. Schon bald aber mischten sich Geräusche der erwachten Hausbewohner unter den Vogelgesang. Mamma war wie immer die Erste auf den Beinen.

Ihre mit Klappern und Klirren verbundene Betriebsamkeit in der Küche versprach ein baldiges, wenn auch karges Frühstück. Jemand schlurfte über den Flur an unserer Tür vorbei zum Badezimmer. Der hartnäckige morgendliche Husten verriet meinen Vater.

Wir, das waren mein Bruder Carmelo und ich. Unsere Schwester Flavia hatte ein eigenes Zimmer, seit ihre sprießenden Brüste, inzwischen zu reifen Früchten gereift, nicht mehr zu übersehen waren. Mit ihren fünfzehn Jahren war sie schon beinahe eine richtige Frau.

Unter dem Dach wohnte seit zwei Wochen Familie Ranieri aus Prato, junge Eltern mit einem Zwergerl, das gerade laufen lernte, und eine seiner Omas. Sie gehörten zu den zahllosen Menschen, die in den vergangenen Wochen aus Pisa, Lucca, Prato und weiteren Städten vor den Bomben nach Sanara geflüchtet waren. Sie wähnten sich in Sicherheit in unserem aus mehreren über die Hänge verstreuten Siedlungen bestehenden Bergdorf im nördlichen Apennin. Die schmutzigen Finger des Krieges würden nicht nach dem abseitigen und schlecht zugänglichen Landstrich greifen, war die einhellige Meinung. Man sprach von an die tausend Flüchtlingen Anfang August 1944 in Sanara. Das bedeutete eine Verdreifachung der Einwohnerzahl gegenüber dem Stand vor Einsetzen der Flüchtlingswelle. Genaue Zahlen gab es freilich nicht. In beinahe jedem Haus hatten Menschen Zuflucht gefunden, viele Verwandte und noch mehr Fremde. Die größte Herausforderung bestand darin, all diese Menschen satt zu bekommen. Die Alteingesessenen hatten schon selbst kaum genug zu essen. Wir lebten von dem, was der karge Boden hergab, und von ein wenig Viehzucht: Kühe, Schafe und Hühner. Und neben den Flüchtlingen mussten auch noch die Partisanen in den Wäldern ringsum durchgefüttert werden. Trotzdem verhungerte niemand in Sanara. Was sie hatten, teilten die meisten Einheimischen brüderlich mit Zugezogenen und Partisanen im Geiste der Nächstenliebe. Das galt natürlich nicht für die gottlob nicht allzu zahlreichen

Faschisten, die dieses Wort aus ihrem Wortschatz getilgt hatten.

Ich trat ans Fenster und atmete die noch kühle und belebende Bergluft in tiefen Zügen ein. Der wolkenlose Himmel verhieß einen herrlichen fünften August. Ich konnte es kaum erwarten, unsere Schafe auf die Weide zu führen. Mit meinen dreizehn Jahren das jüngste der drei Geschwister, war es meine Aufgabe, in der schulfreien Zeit die kleine Schafherde zu beaufsichtigen.

Carmelo, der Erstgeborene und siebzehn, war ein Morgenmuffel. Das kam nicht von ungefähr. Während alle anderen im Haus längst schliefen, las er oft noch stundenlang bei Kerzenlicht in Büchern, die ihm sein ehemaliger Italienischlehrer lieh. Carmelo war ein richtig guter Schüler gewesen, seine Noten konnten einen vor Neid erblassen lassen. Er wäre gern auf das Liceo gegangen, doch ein Gymnasium in erreichbarer Entfernung gab es nicht. Ich trat an das Fußende seines Bettes, griff beherzt unter die Decke und kitzelte meinen Bruder an den Füßen.

»Aufstehen, Faulpelz«, sagte ich lachend.

»Mensch hau ab, du Kröte! Sonst gerb ich dir den Hintern.«

»Versuch´s doch, versuch´s doch. Fang mich, wenn du kannst«, neckte ich Carmelo und fuhr ihm mit beiden Händen durch das lockige, schwarze Haar, was er überhaupt nicht leiden konnte.

»Na warte, du Teufel.« Carmelo schnellte viperngleich hoch und packte mich am Arm. Doch ich konnte mich aus seinem Griff entwinden und rannte durch die Türe in den Flur und polternd die knarzende Holztreppe hinunter ins Erdgeschoss bis in die Küche.

»Hilfe, Hilfe, Carmelo will mich verhauen. Mamma, steh mir bei«, schrie ich mit gespielter Panik.

»Macht gefälligst nicht so einen Lärm. Ihr weckt noch die Ranieris auf«, ermahnte uns Mamma. »Setzt euch an den Tisch.«

Die Ranieris schliefen in der Regel etwas länger als wir, da ausgemacht war, dass sie erst nach der Familie frühstückten.

Vater hatte dafür organisatorische Gründe angeführt. In Wahrheit, glaube ich, wollte er keine Fremden am Frühstückstisch haben. Manchmal konnte er schon recht eigen sein.

Mein Bruder, nur Augenblicke nach mir in der Küche, gab mir einen leichten Klaps auf den Hintern und drohte: »Irgendwann drehe ich dir den schlanken Hals um.« Das war ein zigmal wiederholtes Spiel zwischen uns beiden, schon beinahe ein Ritual. Ich liebte meinen großen Bruder, der mir in vielem ein Vorbild war, und er liebte mich, auch wenn ich manchmal eine rechte Nervensäge sein konnte.

Vater, Carmelo und ich saßen am Küchentisch. Ich schob einen der letzten Brocken des Kanten trockenen Brotes in den Mund, den ich in einer Schale mit lauwarmer Milch eingeweicht hatte. Die Milch stammte von unserer Kuh, die ich Rosa getauft hatte. Rosa sicherte zusammen mit unseren sechs Schafen unser Überleben in diesen Zeiten des Mangels. Mamma hatte sich bereits erhoben und machte sich an der Spüle zu schaffen.

»Wo bleibt eigentlich Flavia?«, fragte Vater, an mich und Carmelo gerichtet.

Wir zuckten nur mit den Schultern.

»Wahrscheinlich kämmt Flavia ihr seidiges schulterlanges Haar und befragt ihr Spieglein, wer die Schönste im Ort sei«, scherzte Mamma. »Die morgendliche Toilette von hübschen jungen Damen nimmt naturgemäß mehr Zeit in Anspruch als die Katzenwäsche von euch Männern.«

Euch Männern! Ich fühlte mich geadelt und nahm Haltung an.

»Dann soll sie früher aufstehen. Es gehört sich, dass alle Familienmitglieder gemeinsam frühstücken. Sag ihr das bitte«, grantelte Vater.

»Sag es ihr doch selbst, du Brummbär«, konterte Mamma. »Sind wir mit dem falschen Fuß aufgestanden, Enzo?«

Nichts ließ die Tragödie erahnen, die sich in den folgenden Stunden in Sanara ereignen sollte. Doch dann platzte ein Nachbar in die Küche, dessen Name mir entfallen ist. Völlig aus dem Häuschen schrie er: »Die Deutschen, sie kommen aus allen Richtungen über die Berge. Es wimmelt nur so von Soldaten auf den Anhöhen ringsum. Sie werden bald hier sein. Bringt euch in Sicherheit.«

Lektorat: Lucca und Sophie

Wie immer die Frage: Ist das spannend?
Ich finde, ja. Es gibt einige Details, die man verbessern sollte, aber am Konzept würde ich nichts ändern. Deshalb möchte ich zuerst untersuchen, welche Mittel der Autor hier verwendet, um Spannung in die Geschichte zu bringen.

Thema, Zeit und Umfeld

In diesem Fall sind es sicher Thema, Zeit und Umfeld, die zur Spannung beitragen. 1944, gegen Ende des Zweiten Weltkriegs, ein kleines Dorf in Italien, da assoziiert der Leser Nazis, Waffen-SS und Kriegsgräuel.

Dennoch ist nicht jede Geschichte spannend, die in dieser Zeit spielt. Der Autor hat es aber leichter, weil die Leser dramatische Ereignisse vermuten und folglich wissen wollen, welche das sind und wie es ausgeht.

Schauen Sie sich die Struktur einmal an. Wann und wo erfährt der Leser, dass sich bedrohliche Ereignisse über dem idyllischen Appenindorf zusammenbrauen?

Im ersten Satz: »*Die Mörder kamen am frühen Morgen*«, erfahren wir, dass Mörder ins Dorf kommen werden. Hitchcock hat darauf hingewiesen, dass die Spannung steigt, wenn der Leser etwas weiß, das die Figuren in der Szene nicht wissen. Aber geht das überhaupt, wenn die Perspektive der Erzählung personal ist, wir also die Geschichte aus der Sicht der Personen erleben?

Es geht nicht, wenn es sich um die personale Perspektive der dritten Person handelt. Wir würden dieser Person durch die

Szene folgen, aber nicht wissen, dass der idyllische Morgen bald durch die Ankunft der Mörder unterbrochen wird.

Wieso geht es bei der hier gewählten Perspektive der ersten Person? Weil der Ich-Erzähler aus der Erinnerung erzählt. Er ist älter, er hat die Szene erlebt, und heute, als er sie erzählt, weiß er, dass die Mörder kommen werden. Sie sehen, die Perspektive legt auch fest, wie und welche Techniken Sie verwenden können. Wir haben zwar eine personale Perspektive, aber weil der Ich-Erzähler aus der zeitlichen Distanz erzählt, kann er wie ein allwissender Erzähler erzählen. Er weiß mittlerweile alles über die Szene.

Nach dem Eingangssatz erleben wir einen idyllischen Morgen. Die Vögel zwitschern, in der Küche klappert die Mutter mit dem Geschirr, der Ich-Erzähler berichtet, dass er zwei Geschwister hat.

Nicht sehr aufregend. Spannend wird es durch die Vorankündigung der Mörder. Wir wollen wissen, wer die Mörder sind, wen sie ermorden wollen. Offene Fragen sind immer eine gute Möglichkeit, Spannung aufzubauen. Die Antwort hinauszuzögern ebenfalls. Das tut die Idylle.

Wäre diese idyllische Schilderung nur ein Infodump, würde der Autor nur einfach aufzählen, was er über die Situation weiß, würde es dennoch nicht funktionieren:

Die Vögel sangen und meine Mutter war wie jeden Morgen in der Küche, um Frühstück zu machen. Mein Vater ging ins Bad. Ich hatte zwei Geschwister. Ich schlief mit meinem Bruder in einem Zimmer, meine Schwester hatte ein eigenes.

Das wäre ein Beispiel für solch einen Infodump. Unser Autor weiß aber, was »Show, don't tell« bedeutet. Er spricht nicht von Vögeln, sondern von Sperlingen, die auch nicht irgendwo draußen zwitschern, sondern in der alten Kastanie, und die

Mutter ist nicht einfach in der Küche, sondern Klappern und Klirren verkünden ein baldiges Frühstück.

Ein gutes Beispiel, wie wichtig es ist, anschaulich und konkret zu erzählen. Schildern Sie Szenen bildhaft, verwenden Sie möglichst konkrete Wörter: Sperlinge statt Vögel.

Dann erfahren wir, dass noch eine Familie im Haus wohnt. Flüchtlinge. Es gibt viele Flüchtlinge und sie kommen nicht aus irgendwelchen Städten, sondern der Autor benennt sie: Pisa, Lucca, Prato. Sie sind vor den Bomben geflüchtet. Damit wissen wir, dass die Geschichte in Italien spielt.

Die Bedrohung wird konkreter, aber nicht dadurch, dass der Autor sie direkt benennt, sondern weil sie sich aus der Erzählung ergibt. Die Fragen: Welche Mörder und was werden sie tun?, beantworten sich genauer. Aber nicht vollständig, auch wenn wir mehr über die Zeit erfahren: Es ist August 1944.

Doch das Dorf ist abgelegen, und der Krieg wird hier nicht herkommen, beruhigt uns der Autor. Sehr beruhigend ist das nicht, weil wir Leser vermuten, dass er sehr wohl kommen wird. Wurde nicht am Anfang von Mördern gesprochen?

Immerhin, auch wenn Schmalhans Küchenmeister ist, verhungern wird keiner in dem Dorf. Und es gibt auch nur ein paar Faschisten. Zurück in die Idylle.

Dann freut sich der Ich-Erzähler, weil er als Jüngster die Schafe hüten darf. Der Älteste ist ein Bücherwurm, und beide necken sich. Die Brüder machen Krach, die Mutter mahnt zur Ruhe, wie es Mütter gerne tun, die Tochter verbringt viel Zeit vor dem Spiegel, wie es junge Mädchen gerne tun. Fast schon Klischee. Aber anschaulich erzählt. Alles nicht so aufregend. Wenn da nicht das Hintergrundwissen um Krieg und Mörder wäre.

Doch dann platzt der Nachbar in die Küche. Die Deutschen kommen, schreit er. Gekonnt wird hier die Geschichte zwischen Idylle, Krieg und Terror aufgespannt. Anschaulich erzählt, nie werden die Fragen des Leser sofort beantwortet. Eine Drohung steht im Raum. Der Leser weiß etwas, das die Personen der Geschichte noch nicht wissen. Er will es ihnen zurufen.

Erinnern Sie sich an das Kasperletheater? Wie die Kinder aufschreien, wenn das Krokodil auftaucht, Kasperle das Krokodil aber nicht wahrnimmt? Es klingt zynisch, Geschichten aus der Nazizeit mit den Kindergeschichten des Kasperletheaters zu vergleichen. Aber beide funktionieren nach dem gleichen Prinzip. Und vermutlich sind Geschichten deshalb so wichtig, weil sie es uns erlauben, Schrecken zu verarbeiten. Deshalb wird es immer wieder neue Geschichten aus dem Dritten Reich und dem Zweiten Weltkrieg geben. Damit wir nicht vergessen.

Klammern aus Artikel und Substantiv

Einige Details will ich aber noch anführen, die verbesserungswürdig sind. Sehen Sie sich den Satz an:

Ihre mit Klappern und Klirren verbundene Betriebsamkeit in der Küche versprach ein baldiges, wenn auch karges Frühstück.

Was fällt Ihnen auf? Die Betriebsamkeit und das dazugehörige besitzanzeigende Fürwort stehen weit auseinander. Dazwischen ist eine Beschreibung eingeklemmt, eine Partizipialkonstruktion. Das tut der Lesbarkeit nicht gut, der Satz wirkt so unübersichtlich.

Im Deutschen sind solche Konstruktionen keine gute Idee. Lassen Sie das Fürwort und sein Substantiv beieinander. Dafür gibt es mehrere Möglichkeiten.

Eine wäre: »*Ihre klappernde Betriebsamkeit ...*«

Eine andere, das Ganze in einen Halbsatz zu verwandeln: »*In der Küche klapperten Töpfe und Geschirr und versprachen ...*«

Oder: »*Mutter klapperte in der Küche mit Töpfen und Tellern, und das versprach ...*«

Die obige Konstruktion findet sich häufig im Text:

Sie wähnten sich in Sicherheit in unserem aus mehreren, über die Hänge verstreuten Siedlungen bestehenden Bergdorf im nördlichen Apennin.

Da stehen zwischen dem Fürwort »unserem« und dem Substantiv »Bergdorf« insgesamt sechs weitere Wörter einer Partizipialkonstruktion. Lösen ließe sich das durch einen Relativsatz:

Sie wähnten sich in Sicherheit in unserem Bergdorf, das aus mehreren Siedlungen im nördlichen Apennin bestand.

Ganz dasselbe wäre es nicht. Dass sich die Siedlungen über die Hänge verstreut verteilen, findet sich in meinem Vorschlag nicht. Aber ist das für die Geschichte notwendig? Eigentlich nicht, also können wir es weglassen. Falls es später wichtig wird, kann man es dann einfügen.

Eine weitere Stelle mit einer solchen Konstruktion findet sich in dem Satz: *»Das galt natürlich nicht für die gottlob nicht allzu zahlreichen Faschisten.«* Zwischen Artikel und Substantiv stehen hier vier weitere Wörter.

Übung

Lesen Sie den Text nochmals genau durch, markieren Sie Stellen mit derartigen Partizipialkonstruktionen und überlegen Sie sich, wie Sie diese Stellen umschreiben könnten. Damit sie leichter verständlich werden.

Nach vorne erzählen

Eine Geschichte soll vorangehen, nach vorne erzählen. Gerade am Anfang soll der Leser in die Welt der Geschichte eintauchen – nicht in die Vorgeschichte. Der Autor sollte ihm die Geschichte auch nicht erklären. Zunächst müssen die Leser die Personen kennenlernen und sich für sie interessieren. Das passiert dadurch, dass die Personen handeln und reden. Erst dann wird die Vorgeschichte interessant, weil sie zeigt, wie sie zu dem wurden, was sie jetzt sind. Und auch diese Vorgeschichte wird nur interessant, wenn sie die Geschichte vorantreibt.

Beispiel: Regenzeitversuchung

»Was zum Teufel suchst du denn jetzt schon wieder?«
Die gereizte, fast hysterische Stimme meiner Mutter machte mich nervös. Und das monotone Geräusch, das der klickende Absatz ihres unruhigen Fußes auf den Fliesen verursachte, entspannte die Stimmung auch nicht gerade.
»Die Reisekaugummis. Wie soll ich sonst diesen Endlos-Flug überleben?«, antwortete ich schnippischer als beabsichtigt. Aber umgeben von der angespannten Aura meiner Mutter, war es alles andere als einfach, freundlich und neutral zu bleiben.
Die Eingangshalle des Frankfurter Flughafens glich einem bunten, quirligen Haufen voller Menschen, die wie das geschäftige Volk eines Ameisenhaufens durcheinander wuselten. Es war erstaunlich, dass kein Gepäckwagen einen anderen rammte – »Rechts vor links« wurde hier nicht beachtet.
Mitten in diesem Chaos schienen meine Mutter und ich die einzigen Personen zu sein, die sich nicht von der Stelle bewegten. Ich hockte mit zittrigen Händen über meinem Rucksack und suchte weiter nach etwas, das meine Flugangst lindern würde, und meine Mutter stand wie ein Häufchen Elend daneben.
Ohne dass ich meine Augen vom Rucksack abwandte, wusste ich ganz genau, wie sie mich in diesem Moment anschaute. Besorgt, und vor allem viel zu mütterlich. Mit diesem „Du-darfst-nicht-gehen"-Blick. Zwischen ihren Augenbrauen bildete sich eine tiefe Einkerbung, welche man schon nicht mehr nur als Falte bezeichnen konnte, und ihre Augen riefen all ihre Sorgen aus, ohne dass sie überhaupt ihren Mund zu öffnen brauchte.
Ich hasste es. Ich hasste es, meiner Mutter wehzutun. Und ich wusste, dass ich es mit meiner Entscheidung, nach Thailand zu gehen und sie damit für das kommende Jahr allein

zu lassen, sicherlich tat. Aber sollte man nicht auch mal an sich selbst denken?
»Schätzchen, sieh mich mal an«, hörte ich meine Mutter sagen. Ich gab meine Kaugummisuche für einen kurzen Moment auf und schaute in ihre dunkelgrünen Augen. Es war sogar schlimmer als erwartet – ihre Augen schrien viel mehr, als dass sie riefen.
»Bist du sicher, dass ein Jahr nicht etwas zu lange ist? Denk doch mal an all deine Freunde, an Oma. Oder an deinen Vater! Ich könnte ...«
»Mama!«, unterbrach ich sie. »Jetzt hör schon auf. Die Zeit wird schneller umgehen, als du denkst. Außerdem bin ich alt genug, um langsam auf mich selbst aufzupassen.«
Dies war die zweite Möglichkeit, meine Mutter traurig zu stimmen: indem ich ihr die Rolle der fürsorglichen Beschützerin abnahm. Und schon wieder fühlte ich mich schrecklich. Zwar klangen solche Sätze in den Ohren einer Mutter mit Sicherheit erleichternd. Nur war es in meinem Fall durch und durch gelogen; ich fühlte mich nicht reif genug, ohne meine Familie und Freunde auf eigenen Beinen zu stehen. Am liebsten hätte ich die ganze Thailandsache hingeschmissen. Aber irgendetwas hatte mich davon abgehalten. Ein innerer Drang, meinem Alltag entkommen zu müssen. Ich brauchte dringend einen Tapetenwechsel, einen Umbruch, einen Schnitt.
Doch auch wenn ich von diesem Drang absah; dachte sie tatsächlich, dass ich mich über ein halbes Jahr lang auf die Reise vorbereitet und alles bezahlt und eine Gastfamilie gefunden hatte und jetzt einfach so das Handtuch werfen würde?
Ich hatte mich in den letzten Monaten unglaublich eingeengt gefühlt. Mir gefiel mein junges Leben nicht wirklich, ich brauchte Veränderung. Vielleicht brauchte ich auch einen ganzen Neuanfang, aber das wusste ich selbst noch nicht so genau. Ich hoffte jedenfalls, in dem kommenden Jahr eine Antwort zu finden. Eine Antwort auf die Frage, die ich selbst nicht in Worte fassen konnte, deren Bedeutung ich fühlte, aber nicht näher zu spezifizieren wusste. Doch so viel stand fest: Es

hatte irgendetwas mit Veränderung zu tun. Mit dem neuen Plan für mein Leben, den ich mir so sehr herbeisehnte.

Man könnte sagen, dass ich einige entscheidende Momente verpasst hatte, um mein Leben auf den richtigen Weg zu bringen; in der Schule wusste ich nie, welche Fächer ich wählen sollte, und nach dem Abi schien es mir schier unmöglich, einen passenden Studiengang zu finden. Meine Mutter wusste meine Unentschlossenheit auf Familienfesten immer sehr charmant preiszugeben, wenn es hieß, was denn das werte Töchterchen so alles mache: »Ach, meine Jana, die weiß einfach nichts mit sich anzufangen. Du wolltest doch als kleines Kind immer Tierärztin werden, Schätzchen, warum versuchst du es nicht mal damit?«

Eine Reihe von Tanten und Onkel, die mit uns am Kaffeetisch saßen, nickten mir jedes Mal aufmunternd zu. Anstatt zu antworten, stopfte ich mir dann immer einen extragroßen Bissen Kuchen in den Mund und grinste vielsagend – oder eben gerade nichtssagend.

Aus lauter Verzweiflung hatte ich es nach der Schule tatsächlich mit Tiermedizin versucht und war geradezu erleichtert gewesen, dass mir jemand die Entscheidung über mein eigenes Leben abgenommen hatte. Ein ganzes Jahr hatte ich durchgehalten, bis ich keine Tiere mehr sehen und keine lateinischen Organ-, Muskel- oder Knochennamen mehr hören konnte. Doch leider war mir auch keine einzige Alternative für mein Leben in den Sinn gekommen.

Und so stand ich nun hier, im Frankfurter Flughafen, mit einem dieser überdimensionalen Rucksäcke, der fast genauso groß war wie ich selbst und seine Reise schon beim Einchecken beginnen musste, und meinem Handgepäck, bei dem ich die Suche nach Kaugummis bereits aufgegeben hatte. Meine Mutter stand schluchzend neben mir, meine beiden Hände haltend, als wollte sie diese nicht mehr loslassen.

Nach weiteren Sätzen wie »Du wirst mir fehlen« oder »Du kannst jederzeit wiederkommen« konnte ich nicht anders, ich musste weinen. Das war zwar nicht vorteilhaft für das Wohlbefinden meiner Mutter, aber es tat gut. Sie strich über meine feuchte Wange, gab mir einen Kuss und ließ meine linke Hand los. Man könnte meinen, dass dies ein Versuch für einen ersten Abnabelungsschritt war, doch sie brauchte ihre eigene Hand nur, um sich die Nase zu schnäuzen. Das Taschentuch war mittlerweile völlig zerfleddert. Mit meiner freien Hand fand ich in meiner Hosentasche ein noch unbenutztes, reichte es ihr und lächelte aufmunternd, und dann begannen wir beide zu lachen.

Lektorat: Regenzeitversuchung

Eine junge Frau auf dem Frankfurter Flughafen, die nach Thailand fliegen will. Ihre Mutter ist unglücklich über diese Entscheidung und würde die Tochter am liebsten zurückhalten. Es geht darum, flügge zu werden. Um eine Mutter, die weiß, dass die Tochter ihren eigenen Weg finden muss, die sie aber dennoch nicht loslassen kann. Keine leichte Situation, das weiß jeder, der schon mal erwachsen geworden ist.

Konflikte zwischen den Zeilen

Statt langer Vorrede beginnt die Geschichte mit einem Konflikt. »Was suchst du schon wieder?«, meckert die Mutter, und auch die Tochter ist genervt, sie braucht Kaugummi gegen die Flugangst. Gut gemacht, ein oberflächlicher Konflikt, hinter dem sich etwas sehr viel Dramatischeres verbirgt als die Suche nach Mitteln gegen Flugangst.

Dialoge, in denen das, was wichtig ist, zwischen den Zeilen steht, sind immer ein gutes Mittel, um die Spannung zu erhöhen.

Dann die Eingangshalle des Frankfurter Flughafens, mit wenigen Worten wird die Hektik lebendig. Wir wissen jetzt, wo die Szene spielt, und haben ein Bild vor Augen. In drei Absätzen zieht uns die Geschichte hinein.

Und warum tut sie das? Weil die Autorin uns die Ausgangssituation nicht erklärt, sondern erleben lässt. Show, don't tell. Zeigen, nicht behaupten. Sie hätte auch schreiben können:

Wir standen auf dem Frankfurter Flughafen, der eine sehr hektische Szenerie war, weil viele Menschen mit Koffern durch die Gegend eilten. Ich war nervös und hatte Flugangst. Deshalb suchte ich meine Kaugummis. Meine Mutter war genervt über meine Sucherei.

Das wäre die schlechte »Tell«-Alternative zu dem guten »Show«-Einstieg gewesen.

Dann kommen zwei Absätze, die – neben guten Bildern – einige Wiederholungen enthalten und Bilder, die gekünstelt wirken:

Mitten in diesem Chaos schienen meine Mutter und ich die einzigen Personen zu sein, die sich nicht von der Stelle bewegten. Ich hockte mit zittrigen Händen über meinem Rucksack und suchte weiter nach etwas, das meine Flugangst lindern würde, und meine Mutter stand wie ein Häufchen Elend daneben.

Ohne dass ich meine Augen vom Rucksack abwandte, wusste ich ganz genau, wie sie mich in diesem Moment anschaute. Besorgt, und vor allem viel zu mütterlich. Mit diesem „Du-darfst-nicht-gehen"-Blick. Zwischen ihren Augenbrauen bildete sich eine tiefe Einkerbung, welche man schon nicht mehr nur als Falte bezeichnen konnte, und ihre Augen riefen all ihre Sorgen aus, ohne dass sie überhaupt ihren Mund zu öffnen brauchte.

Dass Mutter und Tochter als Einzige in dem Chaos stillstehen, wissen wir bereits. »*Etwas, das meine Flugangst mildern sollte*« ist unspezifisch, wenig bildhaft. Im Zweifelsfall sollte man immer das konkretere Wort wählen, in unserem Fall also

„Kaugummi". Und auch weitere Details würde ich ändern. Dann sähe der Text so aus:

Mitten in diesem Chaos hockte ich mit zittrigen Händen über meinem Rucksack und suchte weiter nach den Kaugummis, die meine Flugangst lindern sollten. Meine Mutter stand wie ein Häufchen Elend daneben.
Ohne dass ich meine Augen vom Rucksack abwandte, wusste ich ganz genau, wie sie mich in diesem Moment anschaute. Besorgt, und sehr, sehr mütterlich. Mit diesem „Du-darfst-nicht-gehen"-Blick. Zwischen ihren Augenbrauen bildete sich eine tiefe Einkerbung und ihre Augen erzählten all ihre Sorgen, ohne dass sie ihren Mund öffnete.

Dann folgt als Zusammenfassung der vorangehenden Absätze der Satz: »*Es war sogar schlimmer als erwartet – ihre Augen schrien viel mehr, als dass sie riefen.*«
Hier wird wieder mit den Augen und dem, was sie sagen, gespielt. Doch wie sehen Augen aus, die »*schreien*«, und wie solche, die nur »*rufen*«? Dieses Bild stört eher, die vorangehenden Sätze haben die Szene gut dargestellt. Warum es nicht einfach bei der Zusammenfassung belassen: »*Es war sogar schlimmer als erwartet*«?

Dialoge
Als Nächstes kommt wieder ein Dialog:

»*Bist du sicher, dass ein Jahr nicht etwas zu lange ist? Denk doch mal an all deine Freunde, an Oma. Oder an deinen Vater! Ich könnte ...* «
»*Mama!*«, *unterbrach ich sie.* »*Jetzt hör schon auf. Die Zeit wird schneller umgehen, als du denkst. Außerdem bin ich alt genug, um langsam auf mich selbst aufzupassen.*«

Natürlich, Menschen reden so. Aber in einer Geschichte und vor allem in einem Dialog muss man das nicht alles genau so hinschreiben. Wenn wir den Dialog kürzen, kommt er besser auf den Punkt:

»*Bist du sicher, dass ein Jahr Thailand eine gute Idee ist?*«
»*Mama!*«, *unterbrach ich sie.* »*Jetzt hör schon auf. Langsam bin ich alt genug, um auf mich selbst aufzupassen.*«

Überflüssiges streichen

Der nächste Abschnitt erklärt uns, was wir schon wissen. Und weil er es erklärt, statt zu zeigen, schwächt er die guten Bilder vom Anfang:

Dies war die zweite Möglichkeit, meine Mutter traurig zu stimmen: indem ich ihr die Rolle der fürsorglichen Beschützerin abnahm. Und schon wieder fühlte ich mich schrecklich. Zwar klangen solche Sätze in den Ohren einer Mutter mit Sicherheit erleichternd. Nur war es in meinem Fall durch und durch gelogen; ich fühlte mich nicht reif genug, ohne meine Familie und Freunde auf eigenen Beinen zu stehen. Am liebsten hätte ich die ganze Thailandsache hingeschmissen. Aber irgendetwas hatte mich davon abgehalten. Ein innerer Drang, meinem Alltag entkommen zu müssen. Ich brauchte dringend einen Tapetenwechsel, einen Umbruch, einen Schnitt.

Wenn man die erste Hälfte streicht und nur die Unsicherheiten der Tochter stehen lässt, wird es meiner Meinung nach eindrücklicher. Und das unvermutete Plusquamperfekt »hatte mich davon abgehalten« braucht man an dieser Stelle auch nicht, denn sie wird immer noch davon abgehalten, die Reise hinzuschmeißen.
Das sähe dann so aus:

Am liebsten hätte ich die ganze Thailandsache hingeschmissen. Aber irgendetwas hielt mich davon ab. Ein innerer Drang. Ich brauchte dringend einen Tapetenwechsel, einen Umbruch, einen Schnitt.

Doch davon abgesehen, dachte sie tatsächlich, dass ich mich über ein halbes Jahr lang auf die Reise vorbereitet, alles bezahlt und eine Gastfamilie gefunden hatte, um jetzt das Handtuch zu werfen?

Lassen Sie Ihre Geschichte vorangehen. Der Leser will sie erleben und keine Kommentare der Ich-Erzählerin lesen, die die Geschichte bremsen. **Wenn Sie nicht sicher sind, ob Ihr Text den Leser packt, dann streichen Sie die Stellen, die Erläuterungen sind, auf der Stelle treten, nichts zur Handlung beitragen und legen Sie beide Fassungen nebeneinander.**

Übung

Wählen Sie eine Szene aus Ihren Texten aus, am besten eine, mit der Sie nicht so richtig zufrieden sind. Streichen Sie alles, was nicht zur Handlung gehört, was kein Dialog ist. Ja, mit »alles« meine ich alles! Alle Gedanken, alle Erläuterungen. Legen Sie die neue Fassung und die alte nebeneinander. Was ist in der neuen besser, was in der alten? Sie können beide Fassungen auch anderen vorlegen und fragen, welche sie für besser halten.

Was weckt Bilder?

Der nächste Abschnitt wiederholt erneut die Suche nach Veränderung und behauptet viel.

Ich hatte mich in den letzten Monaten unglaublich eingeengt gefühlt. [...] Anstatt zu antworten, stopfte ich mir dann immer einen extragroßen Bissen Kuchen in den Mund und grinste vielsagend – oder eben gerade nichtssagend.

In solchen Fällen gibt es eine einfache Regel: Streich das Abstrakte, und lass die anschaulichen Teile stehen. Der Text gewinnt dadurch:

Man könnte sagen, dass ich einige entscheidende Momente verpasst hatte, um mein Leben auf den richtigen Weg zu bringen. In der Schule wusste ich nie, welche Fächer ich wählen sollte, und nach dem Abi schien es mir schier unmöglich, einen passenden Studiengang zu finden. Meine Mutter wusste meine Unentschlossenheit auf Familienfesten immer sehr charmant preiszugeben, wenn es darum ging, was denn das werte Töchterchen so alles mache:»Ach, meine Jana, die weiß einfach nichts mit sich anzufangen. Du wolltest doch als kleines Kind immer Tierärztin werden, Schätzchen, warum versuchst du es nicht damit?«

Die Tanten und Onkel, die mit uns am Kaffeetisch saßen, nickten mir jedes Mal aufmunternd zu. Anstatt zu antworten, stopfte ich mir dann immer einen extragroßen Bissen Kuchen in den Mund und grinste nichtssagend.

Verwirrt sie die Kombination von »vielsagend« und »nichtssagend«? Beides schließt sich gegenseitig aus. Deshalb habe ich das Erstere gestrichen. Allerdings kommen wir hier in den Bereich des persönlichen Geschmacks. Es gibt Leser, die genau diesen Widerspruch schätzen.

Schluss

Der Schluss ist gut gelungen, vor allem, dass beide dann doch lachen. Zwar könnte man auch dort noch das eine oder andere korrigieren, aber das überlasse ich Ihnen.

Jetzt ist die Szene sehr viel kürzer geworden. Muss das sein? Soll man Konflikte in Szenen nicht ausnutzen, mehr Farbe hineinbringen?

Das wäre möglich. Doch dafür müsste man die Szene ausbauen und eben auch weitere Elemente haben, die Bilder wecken und Spannung steigern. Einfach mit allgemeinen

Sätzen wie »*Ich fühlte mich schuldig*« kann man das nicht erreichen.

Und der Konflikt zwischen behütender Mutter und Tochter, die ausfliegen will, ist zwar gut geschildert, bewegt sich aber auf Bahnen, die jeder kennt und selbst mitgemacht hat. Da wäre es wichtig, etwas Spezifisches, Eigenes in die Szene einzubauen.

Da ich den Rest der Geschichte nicht kenne, kann ich natürlich nichts vorschlagen. Aber es ist immer eine gute Idee, etwas zu nehmen, das auf den späteren Verlauf der Geschichte hinweist. Auch dabei sollte man »Show, don't tell« beachten. Vorahnungen im Sinne von »*Diesen Satz würde er furchtbar bereuen*« oder »*Das war der Beginn einer schlimmen Geschichte*« erhöhen die Spannung nicht. Der Satz »*Die Mörder kamen am frühen Morgen*« dagegen schon, weil er anschaulich ist, weil er dem Leser nicht mitteilt: Lieber Leser, jetzt wird es ganz furchtbar, also fürchte dich!

Das Übliche und das Besondere

Beispiel: 2026 – Das Testament des Senators

Die Sonne schien durch das Fenster. Schatten eines Mobiles spielten auf meinen neuen Schuhen. Ich saß da und wartete. Ich, der ich seit mehr als drei Jahren auf der Straße lebte, in Abbruchhäusern, in Hauseingängen, in Kellern und Schächten schlief. Ich, der mit Glück ein-, manchmal zweimal die Woche einen Hilfsjob bekam, meistens keinen. Ich saß nun in dieser vornehmen Kanzlei und sollte warten. Warten. Der Notar komme gleich. Meinen Ausweis wollten sie. Ich habe ihn ihnen gegeben. Ich bekomme ihn beim Notar zurück.

Ohne Ausweis verhaften sie dich heute unter der Brücke. Ohne Ausweis bist du Freiwild, besonders ohne festen Wohnsitz. Als frei Gemeldeter bist du als Erster dran. Freie gibt es jetzt genug. Häuser stehen lieber leer, als dass Arbeitslose darin wohnen dürfen. Nicht mehr die Politik bestimmt die Regeln. Dies erledigt die freie Marktwirtschaft. Und die sagt: Wo kein Gewinn gemacht wird, wird kein Aufwand betrieben. Gewinn ist nur Gewinn, wenn er innerhalb eines Jahres abgeschöpft werden kann.

Mir kam die Sache gestern schon spanisch vor. Soll ich nicht doch lieber gehen? Wenn es um einen Job geht, warum hat sie es nicht gleich gesagt? Wozu der Aufwand? Wieso kümmert sich der Chef selber? Bei so vielen Leuten hier.

Ich zählte die Türen. Hier sind es vierzehn. Und um die Ecke wahrscheinlich noch einmal so viele. Ich sollte Leute zählen.

Warum soll ich eine Stunde, vielleicht auch mehr, Zeit mitbringen? Zeit. Zeit habe ich mehr als genug. Wahrscheinlich hätte ich gerade heute einen guten Job in der Kolonne bekommen. Die Zeit dafür wäre reif gewesen. Ich bin nicht hingegangen. Das wird sich beim nächsten Mal rächen.

Und wenn es nicht um einen Job geht? Nehmen können sie mir nichts mehr. Vielleicht geht es nicht um das Nehmen, sondern das Geben. Was soll ich sonst hier? Und was soll der neue Anzug?

Gestern, es war Mittag gewesen, saß ich am Fluss in der Sonne und sah den Möwen und den Leuten zu. Es war ein Tag wie jeder andere. Am Morgen stand ich in der Reihe für Tagesjobs. War natürlich wieder einmal nichts. Gestern gingen fast alle leer aus.

Vom schönen Wetter kann man sich zwar nichts kaufen, aber es hebt die Stimmung. Und diese Anhebung war dringend erforderlich. Der Winter war lang und kalt gewesen. Die Sammelstellen für Schnee waren auf schwarz-weiße Haufen in Kniehöhe geschmolzen. Immer noch bahnten sich Rinnsale ihren Weg zu den Gullys. Der Verkehr pulsierte seinen üblichen Lärm. Die Ampeln standen auf vierzig Sekunden. Wenn man nichts zu tun hat, kann man solche Dinge bemerken.

Plötzlich stand sie vor mir. Ihr Schatten war trotz ihrer Nähe zierlich. Als ich aufsah, trat sie einen Schritt zur Seite. Sie hatte bemerkt, dass ich direkt in die Sonne sehen musste.
«Haben Sie Alkohol bei sich?»
Bin ich über eine Grenze? Kann man das im Sitzen? Schickt der Staat jetzt schon Zollbeamte mitten im Land aus, um Steuerhinterziehung zu entdecken? Sehr effektiv. Die finden unter uns Obdachlosen sicher eine Menge Schmuggelware. Wir sind sicher eine lohnende Zielgruppe.

Andererseits sieht sie in keiner Weise aus, als brauche sie Alkohol. Und wenn, könnte sie ihn sich sicher leisten. Sie sieht auch nicht so aus, als trinke sie, wenigstens nicht regelmäßig. Büro in gehobener Position oder zumindest gut bezahlt. Und zum Anbeißen – für andere.

Sie lächelte, auf eine Antwort wartend.

Was geht es sie an, ob ich Alkohol bei mir habe. Polizei ist sie nicht. Die sind mausgrauer, und die meisten kenne ich.

«Nein.»

«Hauchen Sie mich einmal an.» Sie beugte sich zu mir herunter. Ihr Gesicht war nahe meinem.

Für diese Frechheit sollte ich sie küssen. Sie ist selber schuld, wenn sie sich mir so nähert. Jeder könnte bezeugen, dass sie sich zu mir gebeugt hat, dass sie angefangen hat. Und wenn es keiner gesehen hat und nur ihren Schrei hört. Aussage gegen Aussage. Eine wiegt einmal, eine zweimal.

Ich hauchte sie an.

«Darf ich mich zu Ihnen setzen?»

Lektorat: 2026 – das Testament des Senators

Der Ich-Erzähler ist auf der Straße gelandet, wie viele andere in dieser Geschichte aus 2026 auch. Doch jetzt hat er neue Schuhe, sitzt in einem vornehmen Notariat und wundert sich.

Der erste Satz

Die ersten Sätze eines Textes entscheiden, ob ein Leser weiterlesen will. Autoren frustriert das. Warum sind Leser nicht bereit, länger zu lesen, den gesamten Text zu würdigen? Der Grund ist einfach: Wenn der Autor schon in den ersten Sätzen nichts Interessantes zu erzählen weiß, wird er es auf den nächsten Seiten auch nicht tun. So denken Leser. Meistens haben sie recht.

Lockt der Anfang in obigem Beispiel zum Weiterlesen?

Die Sonne schien durch das Fenster. Schatten eines Mobiles spielten auf meinen neuen Schuhen.

Eher nicht. Mit Wetter beginnen Autoren gerne ihre Geschichten, meist ist das keine gute Idee. Schon Snoopy war mit seiner »finsteren und stürmischen Nacht« nicht erfolgreich.

Aber: Nach diesen ersten Sätzen erfahren wir, dass der Ich-Erzähler obdachlos ist. Obdachlos und neue Schuhe? In einem vornehmen Büro? Das ist nun interessant, da will ich wissen, was es damit auf sich hat.

Warum nicht damit beginnen? Dann hätten die neuen Schuhe eine ganz andere Wirkung. Wenn wir den Text umstellen, könnte er so aussehen und wäre erheblich spannender:

Seit mehr als drei Jahren lebte ich auf der Straße, schlief in Abbruchhäusern, in Hauseingängen, in Kellern und Schächten. Jetzt wartete ich in dieser vornehmen Kanzlei, die Sonne schien durch das Fenster und Schatten eines Mobiles spielten auf meinen neuen Schuhen. Der Notar komme gleich, ich solle warten, hieß es. Warten. Meinen Ausweis wollten sie. Ich habe ihn ihnen gegeben. Der Notar werde ihn mir zurückgeben.

Hier habe ich nicht nur die Reihenfolge umgestellt, sondern auch ein paar Kleinigkeiten geändert. Im Original wird zweimal gewartet, das habe ich auf einmal gekürzt. »*Ich bekomme ihn beim Notar zurück*«, dieser Satz klingt etwas ungelenk durch das »bekommen«. Bekommen ist ein Verb, das eigentlich sehr wenig aussagt, außerdem ist hier der Notar die handelnde Person. Deshalb habe ich es umformuliert: »Der Notar werde ihn mir zurückgeben.«

Und warum Konjunktiv in diesem Satz? Weil das Personal dem Ich-Erzähler das gesagt hat, es sich also um indirekte Rede handelt und ich das betonen würde. Wenn man diese indirekte Rede nicht betonen möchte, könnte man auch einfach sagen: »Der Notar wird ihn mir zurückgeben.«

Noch etwas zur Originalversion:

Ich, der ich seit mehr als drei Jahren auf der Straße lebte [...]. Ich, der mit Glück ein, manchmal zwei Mal die Woche einen Hilfsjob bekam.

Zweimal solch eine Konstruktion wirkt konstruiert. Da ist die Standardformulierung besser: »*Seit mehr als drei Jahren lebte ich auf der Straße [...].*«

Auch dass er mit Glück ein-, zweimal einen Hilfsjob bekommt, habe ich in meiner Korrektur weggelassen. Warum? Weil das später noch einmal im Text auftaucht.

Das Übliche und das Besondere

Trotz aller Mäkelei halte ich diesen Text für spannend. Er ist eine der üblichen Dystopien, in denen es den Menschen wie in »1984« oder »Die Tribute von Panem« schlecht geht. Also nichts Neues. Wenn, ja wenn da nicht die neuen Schuhe und das Warten im vornehmen Notariat wären. Dadurch erhält der Text eine besondere Note und verleitet zum Weiterlesen.

Wenn Sie ein Standard-Setting benutzen, begnügen Sie sich nicht mit dem, was schon tausendmal geschrieben wurde. Fügen Sie etwas Ungewöhnliches hinzu. Und wenn es nur neue Schuhe bei einem Obdachlosen sind.

Diese Taktik behält der Text bei. Die zweite Szene spielt am Tag vorher, und sie enthält ebenfalls erst das übliche Dystopie-Setting. Keine Jobs, die Arbeitslosen stellen sich in langen Schlangen an, in der Hoffnung, doch noch etwas zu finden. Diese Hoffnung wird aber meist enttäuscht.

Aber dann kommt diese Dame, die nach Alkohol fragt. Das erwartet der Leser nun wirklich nicht.

Die Politik

Zurück zur ersten Szene. Dort räsoniert im zweiten Absatz der Ich-Erzähler über die Politik. Und die ist neoliberal, nur Gewinn zählt:

Häuser stehen lieber leer, als dass Arbeitslose darin wohnen dürfen. Nicht mehr die Politik bestimmt die Regeln. Dies erledigt die freie Marktwirtschaft. Und die sagt: Wo kein Gewinn gemacht wird, wird kein Aufwand betrieben. Gewinn ist nur Gewinn, wenn er innerhalb eines Jahres abgeschöpft werden kann.

Für Politik gilt das Gleiche wie für alles andere. Je mehr die Sätze nur das Übliche wiederkäuen, desto langweiliger wird es. Hier finden wir die gängige neoliberale Politikvorstellung. Deshalb würde ich kürzen:

Häuser lässt man lieber leerstehen, als dass Arbeitslose darin wohnen dürfen. Wo kein Gewinn gemacht werden kann, wird kein Aufwand betrieben.

Damit haben wir ein Bild von der Situation, jeder Leser wird es für sich selbst ergänzen können.

Wäre das die einzige Möglichkeit, auf die Politik im Text zu sprechen zu kommen? Nicht unbedingt. Gibt es vielleicht etwas Besonderes in diesem 2026? Etwas, das nicht der gängigen neoliberalen Politik entspricht? Das könnte man nicht nur schildern, das sollte man auch tun. Damit der Hintergrund dieses 2026 klarer wird. Dürfen nur Leute heiraten, die genügend Gewinn machen? Oder dürfen nur Leute heiraten, die gleich viel Gewinn machen? Was auch immer, solche Regelungen gehören in den Text. Aber nicht gleich am Anfang.

Das kann man später einführen, wenn es zur Handlung passt. Noch haben wir einen Obdachlosen, der in einem vornehmen Notariat sitzt und sich fragt, was das bedeutet.

Der letzte Absatz

Der dritte Absatz beginnt mit: »*Mir kam die Sache gestern schon spanisch vor. Soll ich nicht doch lieber gehen?*« Hier könnte man den ersten Satz streichen. Was gestern passiert ist, lesen wir später, und die Frage, wie er hierher gekommen ist, darf man ruhig noch offenlassen. »*Soll ich nicht doch lieber gehen?*« wäre eine bessere Einleitung des dritten Absatzes.

Und der letzte Absatz der ersten Szene könnte knapper ausgeführt werden. Gerade das Ende einer Szene, eines Kapitels ist wichtig. Denn hier kann der Leser das Buch zuklappen – oder weiterlesen. Weshalb der letzte Absatz nicht viel verraten, sondern vielmehr neue Fragen aufwerfen sollte. Im Original heißt es:

Und wenn es nicht um einen Job geht? Nehmen können sie mir nichts mehr. Vielleicht geht es nicht um das Nehmen, sondern das Geben. Was soll ich sonst hier? Und was soll der neue Anzug?

Da wäre die knappere Version besser:

Und wenn es nicht um einen Job geht? Nehmen können sie mir nichts mehr. Und was soll der neue Anzug?

Die zweite Szene

Dann kommt die zweite Szene, und dort tritt die Frau auf, die so gar nicht zu Obdachlosen passt, und fragt ihn, ob er Alkohol hat. Das verwundert den Erzähler natürlich:

Bin ich über eine Grenze? Kann man das im Sitzen? Schickt der Staat jetzt schon Zollbeamte mitten im Land aus, um Steuerhinterziehung zu entdecken? Sehr effektiv. Die finden

101

unter uns Obdachlosen sicher eine Menge Schmuggelware. Wir sind sicher eine lohnende Zielgruppe.

Die ersten beiden Sätze sind nicht sehr verständlich und tragen auch zur Szene nichts bei. Der Satz mit den Zollbeamten dagegen schon. Ich würde den Absatz mit den Zollbeamten beginnen lassen und die ersten beiden Sätze streichen. Außerdem könnte man ein »sicher« streichen:

Schickt der Staat jetzt schon Zollbeamte mitten im Land aus, um Steuerhinterziehung zu entdecken? Sehr effektiv! Die finden unter uns Obdachlosen sicher eine Menge Schmuggelware. Wir sind eine lohnende Zielgruppe.

Die Frau beugt sich zum Erzähler hinab, und er überlegt, ob er sie küssen soll. Schließlich hat jeder gesehen, dass sie auf ihn zuging. Und selbst wenn keiner es gesehen hat, dann steht Aussage gegen Aussage.

Moment mal! Hat in diesem neoliberalen Land die Aussage eines Obdachlosen den gleichen Wert wie die einer erfolgreichen Notariatsangestellten? Ich kenne den Hintergrund dieser Geschichte nicht, aber möglicherweise sind alle gleich, die Reichen aber etwas gleicher als die Armen? Dann stünde nicht Aussage gegen Aussage, sondern die Aussage einer erfolgreichen Angestellten gegen die eines Losers und der Richter würde der Dame glauben.

Möglicherweise soll der Satz »Eine wiegt einmal, eine zweimal.« das ausdrücken? Doch dieser Satz ist sehr kryptisch formuliert. Der Anfang, als der Erzähler überlegt, sie zu küssen, ist gut. Den Teil danach würde ich überarbeiten.

Trotz aller Meckereien ist es aber ein spannender Text mit einigen ungewöhnlichen Elementen.

Übung

Entwerfen Sie eine Zukunft, in der allen vom Staat ein Hobby aufgezwungen wird. Was hätte das für Folgen?
Schreiben Sie eine Szene, in der eine Person auftritt, die nichts mit dem Hobby anfangen kann, die es hasst, aber gezwungen ist, es auszuüben. Ein Mann, der Hunde hasst, muss einen Hund halten. Eine Frau, die Facebook hasst, ist verpflichtet, jeden Tag zehn Facebook-Einträge zu verfassen. Ein Kind, das keinerlei Talent zum Kicken hat, muss jeden Tag Fußball spielen.
Und anscheinend sind alle anderen davon überzeugt, dass diese Regierungsanordnung vernünftig und sinnvoll ist. Ja, lieber Held, du musst sie befolgen. Es ist zu deinem eigenen Nutzen.

Kürzen und erweitern

Ich habe es schon mehrfach gesagt: Wenn ein Text eine spannende Szene schildert, der Text aber dennoch nicht packt, dann ist es oft eine gute Idee, in diesem Text alles zu streichen, was keine Handlung oder kein Dialog ist. Meist haben Sie dann eine wesentlich spannendere Szene als zuvor. Und das sehen wir uns mal an einem Beispiel an.

Beispiel: Dunkelheit

Die Gasse war eng, kalt und nass.
Regen durchnässte sie bis auf die Haut.
Claire zitterte. Von Kälte, Trauer und Schmerz geschüttelt.
In ihrem Kopf herrschte Chaos. Fragen und Antworten ohne Sinn verschmolzen zu einem unverständlichen Schwall aus Schreien und Flehen.

Wut und Verzweiflung kämpften um die Oberhand.

Kurz versuchte Claire, sich wieder unter Kontrolle zu bekommen, aber die Versuche waren lahm und stießen hart gegen die undurchdringliche Wand aus kalten Gedanken.

Ihre Hände umklammerten noch immer den leblosen Körper ihrer Schwester. Der Regen spülte das Blut stetig fort.

Die Verzweiflung siegte über die Wut, sie drückte sie nieder, wie ein schwerer Stein, der junges Frühlingsgras unter sich begräbt.

Sie zwang sich zur Ruhe, und der eisige Regen half, sie auf dem Boden der Tatsachen zu halten, verhinderte, dass sie sich ein weiteres Mal im Chaos ihrer Gedanken verlor.

Taumelnd stand sie auf und fiel beinahe erneut, da sie durch die unbequeme Sitzposition kein Gefühl mehr in den Beinen hatte.

Die Gasse war so eng, dass sie die Wände mit ausgestreckten Armen berühren konnte.

Claire spürte die Kälte nicht.

Während sie ihr Gleichgewicht mühevoll zurückgewann, fiel ihr Blick auf den toten Körper am Boden.

Ambers ozeanblaue Augen starrten glanzlos ins Nichts, und ihre dunkelbraunen Haare verteilten sich wie ein Fächer auf dem Boden.

In ihr breitete sich diese leere Kälte aus, die alle Hoffnung erstickte und die Verzweiflung in ihr aussäte wie trockene Samenkörner.

Claire wandte sich ab. Sie ertrug den Anblick nicht länger.

Am liebsten wäre sie umgedreht und weggerannt.

Die Kälte übermannte sie endgültig, und der Regen fühlte sich an, als würde auch er versuchen, sie in die Knie zu zwingen, hinunter auf den schwankenden Boden.

Über ihr ertönte ein Donnern. Die ganze Stadt mit all ihrem Leben darin schien unter dieser Gewalt zusammenzuzucken.

Mittlerweile stand sie bis zu den Knöcheln im Wasser, aber der Regen schien dennoch nicht enden zu wollen.

Am Ende der Gasse vor ihr huschte eine Gestalt vorbei.

Ihr Herz polterte erschrocken auf, hätte sich am liebsten ganz hinten in ihrem Körper versteckt, wenn es könnte.
Doch blieb es an seinem Platz und schlug, Schlag um Schlag.
Ihr Instinkt schrie nun förmlich und ihr Verstand explodierte beinahe über dem Umstand, dass sie sich noch immer in dieser Gasse befand.
Sie musste hier weg. Sofort.
Claire hörte ein Geräusch hinter sich. Leise, kaum hörbar, und doch klang es aus dem grauen Rauschen des Regens, wie ein Kanonenschuss.
Ihr Herz machte einen Satz, als hätte sie treppab eine Stufe verpasst.
Claire wollte sich nicht umdrehen. Wollte nicht sehen, was oder wer da hinter ihr stand.
Hinter ihr herrschte wieder absolute Stille, als hätte der verräterische Laut niemals existiert.
Nur der Regen trommelte weiter beharrlich auf die Straßen, der stetigen Geräuschkulisse eines Theaters gleich, nur das leise Tuscheln der Menge fehlte. Vielleicht wurde es aber auch nur von der Dunkelheit verborgen.
Wie konnte sie nur so leichtsinnig sein? Vielleicht würde sie nie eine Chance bekommen, ihre Fehler zu korrigieren.
Daraufhin ertrug Claire die Unwissenheit nicht länger.
Also nahm sie allen Mut zusammen, den sie aus den Ecken ihres Verstands noch zusammenkratzen konnte, atmete tief durch und drehte sich um.
Das, was sich ihren Augen bot, schleuderte sie geradewegs zurück in das absolute Chaos.
Alles war da, die Erinnerungen, der Schmerz, die Freude, die ganzen Fragen, alles zusammengeballt zu einer einzigen dunklen Welle, die ihren Verstand erstickte, sie ging darin unter wie ein hilfloses Papierschiffchen.
Das Gewitter über ihr schien nicht mal mehr unwichtig und der Regen verkümmerte zu einem kleinen, unbedeutenden Häufchen Nichts.
Plötzlich überkam sie ein seltsames Gefühl.

Wie ein Schatten, der sie verstohlen aus der Dunkelheit heraus beobachtete.
In diesem Moment glaubte sie, einen kalten Hauch zu spüren, der sich gierig um ihr Herz legte, als wollte er es zum Schweigen bringen.
Mit einem Schlag legte sich Totenstille über ihr Denken.
Als wäre ihr Verstand wegen Überlastung abgestürzt.
Sie nahm nichts mehr wahr und fühlte nichts mehr, konnte nicht mehr denken.
Dann klärte sich alles, zwar unmöglich, aber klar.
Denn das, was sie sah, schien unmöglich, aber entsprach es doch der Realität.
Doch letztendlich bleibt die Frage, was an dieser Nacht war wirklich real?
Vor ihr, vom Regen völlig durchnässt und am ganzen Körper zitternd, stand:
Amber.

Lektorat: Dunkelheit

Wieder die gleiche Frage am Anfang: Ist das spannend?
Ich finde nicht.
Aber es hat sämtliche Elemente für eine spannende Szene. An was erinnern Sie sich, wie würden Sie die Szene zusammenfassen?

Spannung in der Struktur ist wichtig

Eine Frau, strömender Regen, mit der Leiche ihrer Schwester Amber, die, so kann man vermuten, erst vor Kurzem ermordet wurde. Dann hört sie Schritte. Sie dreht sich um – und sieht ihre Schwester hinter sich.
Wenn das nicht spannend ist, weiß ich nicht, wie man sonst Spannung erzeugen kann. Schon die Szene mit der toten Schwester in der engen Gasse, dem prasselnden Regen, hat

Spannung. Dann die Schritte hinter ihr, jeder Leser vermutet: Das ist der Mörder.

Aber von wegen: Es ist die Ermordete. Da hat der Autor nun wirklich eine überraschende Wendung gefunden und gleichzeitig eine neue Frage gestellt: Wieso kann die Ermordete plötzlich lebendig sein? Was zum Weiterlesen reizt. Wenn die Struktur der Szene spannend ist, warum ist es der Text dann nicht?

Claire zitterte. Von Kälte, Trauer und Schmerz geschüttelt. In ihrem Kopf herrschte Chaos. Fragen und Antworten ohne Sinn verschmolzen zu einem unverständlichen Schwall aus Schreien und Flehen.

Weckt das Bilder? Treibt es die Geschichte voran?

Nein. Da wir überhaupt nichts über das Chaos, die Fragen und die Antworten ohne Sinn wissen, das Schreien und Flehen nicht erleben, weckt es keine Bilder und treibt die Geschichte nicht voran. Im Gegenteil, es lässt den Leser ratlos zurück und verleitet eher dazu, nicht weiterzulesen.

Viele der Sätze oben sind allgemein. Aber da das Grundgerüst spannend ist, können wir alle diese Sätze streichen. Dann würde der Text lauten:

Die Gasse war eng, kalt und nass.
Regen durchnässte sie bis auf die Haut.
Claire zitterte. Ihre Hände umklammerten noch immer den leblosen Körper ihrer Schwester. Der Regen spülte das Blut stetig fort.
Taumelnd stand sie auf und fiel beinahe erneut, da sie durch die unbequeme Sitzposition kein Gefühl mehr in den Beinen hatte.
Die Gasse war so eng, dass sie die Wände mit ausgestreckten Armen berühren konnte.
Während sie ihr Gleichgewicht mühevoll zurückgewann, fiel ihr Blick auf den toten Körper am Boden.

Ambers ozeanblaue Augen starrten glanzlos ins Nichts und ihre dunkelbraunen Haare verteilten sich wie ein Fächer auf dem Boden.
Claire wandte sich ab. Sie ertrug den Anblick nicht länger.
Die Kälte übermannte sie endgültig und der Regen fühlte sich an, als würde auch er versuchen, sie in die Knie zu zwingen, hinunter auf den schwankenden Boden.
Über ihr ertönte ein Donnern. Mittlerweile stand sie bis zu den Knöcheln im Wasser, aber der Regen schien dennoch nicht enden zu wollen.
Am Ende der Gasse vor ihr huschte eine Gestalt vorbei.
Sie musste hier weg. Sofort.
Claire hörte ein Geräusch hinter sich. Leise, kaum hörbar, und doch klang es aus dem grauen Rauschen des Regens wie ein Kanonenschuss.
Hinter ihr herrschte wieder absolute Stille, als hätte der verräterische Laut niemals existiert.
Nur der Regen trommelte weiter beharrlich auf die Straßen, der stetigen Geräuschkulisse eines Theaters gleich, nur das leise Tuscheln der Menge fehlte. Vielleicht wurde es aber auch nur von der Dunkelheit verborgen.
Wie konnte sie nur so leichtsinnig sein?
Also nahm sie allen Mut zusammen, den sie aus den Ecken ihres Verstands noch zusammenkratzen konnte, atmete tief durch und drehte sich um.
Vor ihr, vom Regen völlig durchnässt und am ganzen Körper zitternd, stand Amber.

Der Rotstift (oder die Delete-Taste) bringt oft den entscheidenden Durchbruch. Sätze wie »Fragen und Antworten ohne Sinn verschmolzen zu einem unverständlichen Schwall aus Schreien und Flehen« werden gerne von Autoren verwendet, wenn sie sich nicht sicher sind, was nun eigentlich geschieht und ob der Leser die Szene versteht. Sie sind Kommentare des

Autors, quasi ein erhobener Autorenzeigefinger und passieren auch erfahrenen Autoren.

Streichen ist da die einfachste und wirkungsvollste Lösung.

Merke: Die Delete-Taste ist der beste Freund eines Autors.

Die Feinkorrektur

Natürlich lässt sich auch obiger Text noch weiter verbessern.

Die Gasse war eng, kalt und nass.
Regen durchnässte sie bis auf die Haut.
Claire zitterte.

Dieser Text erzählt uns zweimal, dass es nass ist und kalt. Das lässt sich zusammenfassen:

Die Gasse war eng, Regen durchnässte sie bis auf die Haut und Claire zitterte.

Autoren schreiben in der Erstfassung gerne zu ausführliche Schilderungen. Streichen wir doch mal im zweiten Schritt Unnötiges:

Die Gasse war eng, Regen durchnässte sie bis auf die Haut und sie zitterte. Ihre Hände umklammerten noch immer den leblosen Körper ihrer Schwester. Der Regen spülte das Blut stetig fort.
    Taumelnd stand sie auf und fiel fast erneut, da sie kein Gefühl mehr in den Beinen hatte.
    Die Gasse war so eng, dass sie die Wände mit ausgestreckten Armen berühren konnte.
    Mühsam gewann sie ihr Gleichgewicht zurück. Ihr Blick fiel wieder auf den toten Körper am Boden.
    Ambers ozeanblaue Augen starrten glanzlos ins Nichts und ihre dunkelbraunen Haare verteilten sich wie ein Fächer auf dem Boden. Claire wandte sich ab. Sie ertrug den Anblick nicht länger.

Der Regen fühlte sich an, als wolle auch er versuchen, sie in die Knie zu zwingen. Mittlerweile stand sie bis zu den Knöcheln ihm Wasser. Es donnerte.
Am Ende der Gasse vor ihr huschte eine Gestalt vorbei. Sie musste hier weg. Sofort.
Claire hörte ein Geräusch hinter sich. Leise, kaum hörbar. Hinter ihr herrschte wieder absolute Stille. Nur der Regen trommelte weiter beharrlich auf die Straße.
Wie hatte sie nur so leichtsinnig sein können?
Sie nahm allen Mut zusammen, atmete tief durch und drehte sich um.
Hinter ihr, vom Regen völlig durchnässt und am ganzen Körper zitternd, stand Amber.

Ich habe im Text des Autors so gut wie nichts verändert. Ich habe nur alles Überflüssige gestrichen.

Gar keine allgemeinen Sätze?

Natürlich kommt jetzt die Frage: Darf man nie sagen:»Sie hatte Angst«? Sind alle allgemeinen Formulierungen verboten? Muss man alles szenisch erzählen?

Natürlich nicht. Manchmal lohnt es sich nicht, etwas extra auszumalen. Manchmal reichen auch einfache Feststellungen, die der Leser dem Autor einfach glaubt. Vor allem, wenn es nicht so wichtig ist. Nicht jedes Detail muss man ausmalen.

Aber die wichtigen Teile schon. Zwischendurch einmal zu sagen:»In ihrem Kopf herrschte Chaos« ist nichts Schlechtes. Wie überall gilt auch hier: **Die Dosis macht das Gift.**

Wenn eine Szene nicht überzeugt, die Struktur aber stimmt, dann streichen Sie alles, was nicht konkret ist. Und dann legen Sie die beiden Fassungen nebeneinander. Da sehen Sie schnell, an welcher Stelle Streichen den Text besser macht.

Im obigen gekürzten Beispiel könnte man sich überlegen, ob man nicht an der einen oder anderen Stelle einen kurzen allgemeinen Satz, eine Beschreibung oder einen Gedanken einfügen könnte.

Schreiben ist immer auch ein sich wiederholender Prozess: Erst streichen. Dann Feinkorrektur. Dann weitere Überlegungen, das wären die drei Schritte in unserem Beispiel.

30 % Streichen

Agatha Christie und Friedrich Dürrenmatt hatten eins gemeinsam. Damals sollten Taschenbücher nicht dicker als 150-180 Seiten sein. Und Lektoren gingen davon aus, dass 30 % eines Manuskriptes gestrichen werden sollten. Eine Regel, die sich durchaus bewährt hatte.

Heute dürfen die Taschenbücher nicht nur dicker sein, die Verlage fordern das sogar oft. Weiterentwickelte Technik macht es möglich und der Kunde greift lieber zu einem dicken als zu einem dünnen Buch. Weil es mehr Unterhaltung verspricht. Das Versprechen wird leider nicht immer gehalten. So manches 350-Seiten-Buch wäre sehr viel spannender, wenn es nur 200 oder 250 Seiten umfassen würde.

Mit den E-Books gibt es jetzt wieder kürzere Formate.

Die alte Lektorenregel ist aber immer noch gültig. Und die Delete-Taste ist der beste Freund eines Autors, habe ich das schon erwähnt?

Übung

Nehmen Sie eine beliebige Szene, entweder aus den vorigen Übungen oder aus Ihren eigenen Texten. Sie sollte mindestens 1.000 Wörter oder 6.000 Anschläge lang sein.

Jetzt kürzen Sie sie. Um ein Drittel. Nein, Sie müssen es nicht auf Anhieb schaffen, Sie können es nach und nach tun. Jedes Mal das wegstreichen, worauf Sie am ehesten verzichten können.

Legen Sie beide Versionen nebeneinander. Welche gefällt Ihnen besser?

Gibt es Stellen, in denen die Urfassung besser ist, und solche, in denen die gekürzte Fassung besser ist? Begründen

Sie Ihre Entscheidung schriftlich, schreiben Sie für jeden Fall auf, warum Ihnen die eine oder andere Fassung besser gefällt.

III. Beispiele aus erfolgreichen Büchern

Nach all den Verbesserungen möchte ich hier nun erfolgreiche Beispiele vorstellen, die ihre Leser in Bann geschlagen haben.

Beispiel: Wenn es dämmert, Zoë Beck

Berlin, September 1948

»Dann lass ihn dafür bezahlen.«
»Wofür?«
»Du hast gesagt, er interessiert sich für dich. Lass ihn dafür bezahlen!«
»Was meinst du? Wofür bezahlen?«
»Das merkst du schon, wenn es so weit ist. Was weißt du über ihn?«
»Ich weiß nicht ... Er ist Offizier. Bei den Fliegern.«
»Wie alt?«
»Ich weiß nicht ...«
»Vierzig? Fünfzig?«
»Nein, nein, jünger ...«
»Sieht er gut aus?«
»Ich weiß nicht ...«
»Ichweißnichtichweißnicht! Kannst du auch etwas anderes sagen als immer nur Ichweißnicht? Ständig jammern! Sollen wir verhungern? Stell dich nicht so an. Mach, was er von dir will, und lass dich dafür bezahlen. Zigaretten, Schokolade, Strümpfe, alles, was du von ihm bekommen kannst.«
»Er denkt, ich bin schon viel älter.«
»Natürlich denkt er das. Du hast ja allen erzählt, du wärst älter. Sonst hättest du nicht im Kasino arbeiten können. Oder denkst du, sie hätten einer Vierzehnjährigen diese Arbeit gegeben?«

»*Du hast mir gesagt, ich soll sagen, ich sei älter.*«
»*Und? Haben sie es dir geglaubt? Na also. Und ohne deine Zöpfe siehst du wirklich viel älter aus. Du hast doch gesagt, dir gefällt deine neue Frisur.*«
Sie zuckte die Schultern.
»*Du hast jetzt Locken wie eine erwachsene Frau, und du hast Arbeit wie eine erwachsene Frau. Also benimm dich auch wie eine erwachsene Frau. Ist sonst noch was?*«
Sie schwieg. Malte mit dem Zeigefinger Figuren auf den leeren Küchentisch, ohne Spuren zu hinterlassen. Malte ein Herz auf den Tisch, das niemand sehen konnte. Wischte es schnell wieder weg.
Ihre Tante fragte wieder: »*Ist sonst noch was?*«
»*Muss ich alles machen, was er von mir will?*«
»*Mach einfach mit, denk nicht darüber nach, denk nur daran, dass er dir immer etwas dafür gibt.*«
»*Und wie lange ...*«
Ihre Tante antwortete mit einem kurzen, trockenen Lachen.
»*Frag die Russen, wann sie die Blockade aufheben!*«
»*Machen das alle Frauen?*«
»*Ja, Schätzchen, das machen alle Frauen.*«
Wieder schwieg sie, und als ihre Tante schon aus der Küche gehen wollte, fragte sie: »*Glaubst du, er liebt mich?*«
Ihre Tante blieb stehen, aber sie drehte sich nicht zu ihr um.
»*Egal, was er sagt, er wird dich nicht heiraten.*«
»*Wieso ...*«
»*Verstehst du denn gar nichts? Wir sind immer noch der Feind.*«

Aus: Wenn es dämmert,
Copyright by Zoë Beck und Bastei Lübbe GmbH & Co. KG, ISBN 978-3404159000

Besprechung: Wenn es dämmert

Zoë Beck hat erst vor Kurzem mit »Brixton Hill« einen erfolgreichen Roman vorgelegt, der in der KrimiZEIT-Bestenliste auf

Platz 2 stand. Im hinteren Teil dieses Buches finden Sie auch ein Interview mit der Autorin zum Thema Spannung.

Hier habe ich einen ihrer älteren Text ausgewählt. Warum? Weil einige Techniken beispielhaft verwendet werden, mit denen man Spannung erzeugen und steigern kann.

Worum geht es in obiger Szene? Eine ältere Frau will ihre vierzehnjährige Nichte zur Prostitution mit Amerikanern zwingen und dadurch Zigaretten, Schokolade und anderes, was damals Wert hatte, erhalten. Schon das Thema verspricht Spannung. Europa hungerte, und Elendsprostitution war weit verbreitet. Doch die Vorstellung, dass Familienangehörige ihre minderjährigen Töchter verkauften, weckt heute Abscheu. Obwohl es durchaus üblich war.

Aber weder das Wort »Prostitution« noch das Wort »Sex« kommt im Text vor. »*Mach, was er von dir will, und lass dich dafür bezahlen*«, das ist alles, was die Tante ihrer Nichte sagt. Die Nichte, wenig aufgeklärt wie in dieser Zeit üblich, will es genauer wissen, doch die Tante blockt ab. Denn wenn sie die Fragen der Nichte beantworten würde, müsste sie zugeben, dass sie den Körper der Nichte verkaufen will – sie will aber den Schein wahren.

Das, was wichtig ist, steht nicht in dem Text, es steht zwischen den Zeilen. Und doch weiß jeder Leser, was gemeint ist.

Und was steht nun zwischen den Zeilen? Das ist die Gelegenheit für eine Übung.

Übung

Charakterisieren Sie Tante und Nichte. Was haben Sie über beide in dem Text erfahren? Schreiben Sie es auf!

Und dann formulieren Sie für Tante wie für Nichte, was diese Personen wollen, was ihr Ziel, ihr Wunsch ist. Einen Satz für die Tante, einen für die Nichte. Los geht's!

Haben Sie Ihre Beschreibung?

Die Tante will, dass die Nichte auf den Strich geht und sie deshalb keinen Hunger leiden muss und ein besseres Leben führen kann.

Die Nichte will genau das nicht, wagt aber nicht, offen zu widersprechen, sondern träumt von der großen Liebe. Womit wir einen klassischen Konflikt haben. Die Wünsche und Ziele von Nichte und Tante sind entgegengesetzt. Falls es der Nichte gelänge, eine große Liebe zu gewinnen – wegen ihres Alters ist das unwahrscheinlich –, dann würde die Tante kein besseres Leben führen können. Deshalb der Satz von ihr: »*Wir sind immer noch der Feind.*« Was heißt: Schmink dir deinen Wunsch ab, der wird nie in Erfüllung gehen, und sorge stattdessen dafür, dass meine Wünsche erfüllt werden. Nur so bekommen wir genug zu essen.

Noch etwas anderes zeigt der Text. Man muss nicht nach jedem Dialogbeitrag dem Sprecher eine Handlung verpassen. Gerne wird da über die Haare gestrichen, der Sprecher kratzt sich am Kopf, reibt sich das Kinn, zieht an der Zigarette oder hebt sein Glas.

Zoë Beck kommt ohne das aus, der Text besteht fast ausschließlich aus Dialog. Nur die Handlungen werden genannt, die wirklich nötig sind, die zur Geschichte beitragen. Das Herz, das die Nichte malt. Dass sie die entscheidende Frage (»*Glaubst du, er liebt mich?*«) erst stellt, als die Tante schon geht und ihr den Rücken zudreht. Und die Tante antwortet, ohne sich umzudrehen.

Also alles nur Technik? Nur die richtigen Spannungstechniken anwenden, dann haben wir einen Text, der den Leser packt?

Nicht ganz. Sie können in einem Text sämtliche Spannungstechniken beachten und trotzdem den Leser nicht packen. Denn zu einem spannenden Text gehört noch mehr. Packende Personen wie in unserem Beispiel. Das Gespür eines Autors für sein Thema. Dass ihm sein Thema wichtig ist. Die Spannungstechniken benötigen Sie, wenn ihr Text schwächelt, wenn er sein Potenzial nicht nutzt. Das Fahrradwerkzeug holt man auch nicht aus dem Keller, wenn das Rad läuft. Sondern dann, wenn der Reifen platt ist.

Beispiel: Der siebte Tag, Nika Lubitsch

Morgen beginnt mein Prozess. Ich höre wohl den Klang seiner Worte, aber ich verstehe ihren Sinn nicht: Ullrich Henke, mein alter Freund Ulli. Was mir vor allem Mut macht, sind die Marlboros, die er mir mitgebracht hat. Meine Gedanken wandern zurück zu jenem heißen Sommertag im August 1999.

Meine beste Freundin Gabi und ich waren über das Wochenende zum Timmendorfer Strand gefahren. Ich versuchte, mein uraltes Spider-Cabrio in eine viel zu kleine Parklücke gegenüber dem Café Engelseck zu zwängen. Die Ärzte sangen »Männer sind Schweine« und wir sangen laut mit. Nachdem ich ungefähr zehnmal vor- und zurückgesetzt hatte, nahm mir jemand meine Zigarette aus der Hand. »Mit der Fluppe wird das nie was«, sagte eine angenehm tiefe Stimme. Ich schaute hoch in ein Paar dunkelbraune Augen, verwechselte Kupplung mit Bremse und saß hinten drauf. »Scheiße«, sagte die Stimme, »jetzt hast du's geschafft, Mädel. Das war übrigens mein Auto.« So lernte ich Ullrich Henke kennen. Noch am selben Abend lernte er meinen Körper kennen.

Ulli hat mir die Zeitungsausschnitte mitgebracht. Ich habe ihn gut erzogen: Jeder Artikel ist fein säuberlich ausgeschnitten, aufgeklebt, oben gibt es eine Datumszeile mit der Angabe des Mediums. Es ist ein dicker Packen, und sein Geruch beruhigt mich. Zeitungsausschnitte beruhigen mich immer, sie sind mein Beruf. Oder eigentlich müsste ich sagen, waren mein Beruf. Denn ich kann ihn nicht mehr ausüben. Wer will schon eine Pressesprecherin haben, deren Name mit Unterschlagung im großen Stil und jetzt sogar mit Mord in Zusammenhang gebracht wird?

Der Konzern, für den ich gearbeitet habe, wollte mich jedenfalls nicht mehr. »Sie müssen verstehen, Frau Thalheim, ...« Ja, ich hatte verstanden. Weltkonzerne können sich familiäre Katastrophen nicht leisten. Und wir waren ja nicht ganz unbekannt. Michael und Sybille Thalheim. Der Staranwalt und die Pressesprecherin. Es verging kaum ein Tag, an dem nicht einer von uns in den Zeitungen zitiert wurde, an dem nicht einer von uns sein Gesicht in die Kameras halten musste. In den In-Restaurants bekamen wir immer die guten Plätze, wir standen auf allen wesentlichen Einladungslisten der Stadt.
Wer hoch steigt, kann tief fallen.
Aus: Der siebte Tag,
Copyright Nika Lubitsch, MvG Verlag, ISBN 978-3868824476

Besprechung: Der siebte Tag

»Morgen ist mein Prozess«, so beginnt Nika Lubitsch ihr Buch »Der siebte Tag«. Sie springt mitten hinein in ihre Geschichte. Die Ich-Erzählerin versteht die Worte ihres Anwalts nicht, aber es beruhigt sie, dass er die Marlboros mitgebracht hat.

Und schon geht es in die Rückblende, zu der Szene, als sich beide kennengelernt hatten.

Hallo!

Rückblende? Rückblenden gleich zu Beginn eines Textes, davor habe ich immer gewarnt. Meist sind es Infodumps, die dem Leser die Vorgeschichte erklären wollen, die ihn gar nicht interessiert. Absolute Spannungskiller!

Doch hier steigert sich die Spannung. Warum?

Weil es eine gut geschriebene Szene ist, eine Frau im Cabrio, die nicht einparken kann, ein Mann, der freche Sprüche klopft, alles anschaulich erzählt. Show, don´t tell, wir erfahren etwas über die beiden Figuren, die Autorin zeigt uns die Szene, erklärt uns aber nicht, wer diese Frau und dieser Mann denn sind. Das zu entscheiden, überlässt sie dem Leser.

Übung

Schreiben Sie eine Charakteristik der Ich-Erzählerin auf, einzig aufgrund des vorliegenden Textes. Wie tickt diese Frau, die auf Ihren Prozess wartet? Nein, erklären Sie nicht, welchen Beruf sie hat. Sagen Sie, was ihr wichtig ist. Was will sie vom Leben? Wie sieht sie die Männer?

Ist diese Szene spannend? Ich finde ja. Und deshalb funktioniert auch die Rückblende im Text, die in vielen anderen Geschichten nur Gähnen des Lesers zur Folge hat.

Obendrein wirft uns die Autorin einen Brocken Information zu: Am Abend lernt Ullrich ihren Körper kennen. Mehr sagt der Text nicht.

Spannung entsteht durch das, was der Autor andeutet, aber nicht erzählt.

Zurück in die Gegenwart. Ullrich, der Brave, hat die Zeitungsausschnitte mitgebracht. Der Geruch von Zeitungspapier beruhigt die Ich-Erzählerin, auch wieder »Show, don´t tell«. Eine kleine, ungewöhnliche Eigenheit, die assoziativ zu ihrem Beruf überleitet. Pressesprecherin eines großen Konzerns. Nein, gewesene Pressesprecherin. Denn sie wurde entlassen, weil sie in Mord und Unterschlagung verwickelt ist.

Womit gleich eine neue Frage aufgemacht wird: Ist sie eine Mörderin? Eine derer, die den Glamour lieben und bereit sind, dafür zu betrügen und zu morden?

»Meine Gedanken wandern zurück zu jenem heißen Sommertag im August 1999«, halte ich für eine unglückliche Überleitung zur Rückblende. Das ließe sich eleganter lösen: *»Damals, an jenem heißen August 1999, spielten ebenfalls Zigaretten eine Rolle. Meine Freundin Gabi und ich ...«*.

Ja, ich weiß, ich habe immer etwas zu meckern.

Der Roman verdrängte »Fifty Shades of Grey« von Platz 1 der Kindle-Bestsellerliste, schätzungsweise 40.000 Stück wurden verkauft – pro Monat! Ein Produzent erwarb sogar eine Verfilmungsoption.

Ich wollte ganz bewusst auch ein Beispiel aus der Selfpublisherszene besprechen, nicht nur Beispiele aus Publikumsverlagen. Wie unterscheidet sich Lubitschs Werk von denen der Verlagsautoren? Erzeugt die Autorin ihre Spannung anders? Verwendet sie andere Techniken?

Ich finde: nein. Und auch andere Selfpublisher kochen mit dem gleichen Wasser wie die Verlagsautoren. Manchen gelingt das gut – Nika Lubitsch gehört ganz sicher dazu – andere haben die gleichen Probleme, die ich in den Texten im Abschnitt II besprochen habe. Und natürlich gelingt nur ganz wenigen ein vergleichbarer Erfolg.

Beispiel: Rauklands Sohn, Jordis Lank

»Was hast du getan?«

Der Schrei trieb durch seine bleierne Müdigkeit. Ein Schatten wuchs über ihm, Hände krallten sich in sein Haar und rissen seinen Kopf zurück.

Der Schatten war sein Vater.

Ronans Herz pochte so wild gegen seine Rippen, dass es schmerzte. Er konnte sich nicht rühren, es war, als läge eine tonnenschwere Felswand auf ihm. Nichts ergab einen Sinn.

Sein Vater schlug ihm ins Gesicht. »Du bist betrunken!«

Nein, das nicht. Niemals. Die Erinnerung an die letzten Stunden war dennoch fort.

»Wie ein Bauerntölpel hast du dich von diesem Mädchen abfüllen lassen! Hast du nicht ein einziges Mal daran gedacht, dass Bellingor sie dafür bezahlt hat?«

Noch ein Schlag ins Gesicht. Sein Kopf flog zur Seite. Alles war verschwommen. Er lag in seinem Zelt. Hinter seinem Vater stand Jasimo, ein Schwert in der Hand. Getrocknetes Blut klebte in seinem Haar.

Die Schlacht gegen König Bellingor! Im Morgengrauen hätten sie auf dessen Heer stoßen sollen.

Es war taghell.

O Himmel ...

Vater schüttelte ihn. »*Ein Viertel der Männer hat uns deine Dummheit gekostet! Bellingor hat uns überrannt! Und warum? Weil der Hinterhalt, den wir für ihn erdacht hatten, gar nicht existierte! Wieso existierte er nicht, Ronan?*«

Sein Magen zog sich zusammen. Ein leiser, krächzender Laut kam aus seiner Kehle. Er war derjenige, der die Männer an den Ausgang der Tsorsa-Schlucht hätte führen sollen, in den Rücken von Bellingors Heer. Stattdessen war er immer noch hier.

Ronan wälzte sich zur Seite und erbrach. Sein Magen war eine flammende Kugel und er rang krampfhaft nach Luft, die Hände gegen die Brust gepresst. Gott, war ihm schlecht.

»*Bringt mir Zhodan!*«*, schrie Vater.*

»*Sofort, mein König*«*, kam die Antwort.*

Ronan schloss die Augen.

Sie brachten ihn nach draußen. Er versuchte zu gehen, aber er konnte es nicht. Also packten sie seine Hände und Füße und schleiften ihn über den Boden. Auf einem freien Platz ließen sie seinen Körper fallen.

Langsam, ganz langsam legten sich die Nebelschleier in seinem Kopf. Er lag in der Mitte eines Feldlagers, unweit einiger kleiner Feuer. Mehrere Dutzend Pferde standen mit hängenden Köpfen da, gesattelt und gezäumt, die Leiber dampfend. Dahinter Zelte, eine ganze Stadt davon. Über dem größten wehte die Flagge Rauklands.

Eine Handvoll Männer bildete einen Kreis um ihn, weitere kamen hinzu. Blut klebte an Händen und Kleidern, trocknete auf den metallenen Ringen der Kettenrüstungen. Die Blicke der Umstehenden sprachen Bände. Da lag er bäuchlings zu ihren Füßen: der Sohn des Königs, siebzehn Jahre alt, jünger als die meisten von ihnen. Der Einzige, der hier im Lager von dem geheimen Hinterhalt gewusst hatte. Heute Morgen hätte er einen Teil des Heeres an die Tsorsa-Schlucht führen müssen, und er hatte es nicht getan. Dass es Tote und Verwundete gegeben hatte, war seine Schuld. Königssohn hin oder her, es wurde Zeit, dass jemand für die verlorene Schlacht bestraft wurde.

An den Halmen vor seinen Augen hingen Tautropfen. Ronan wollte sie vom Gras lecken, um das saure Brennen in seinem Hals zu lindern. Warum war ihm so elend?

Nachdem der Trupp seines Vaters vorausgeritten war, um vor Bellingors Heer zu gelangen, war es im Lager ruhig geworden. Nur dann und wann kam ein Bote. Die meisten Männer schliefen, und er hatte sie schlafen lassen. Mit Jasimo hatte er vor seinem Zelt gesessen. Und dann? Da war kein Mädchen gewesen. Keines, an das er sich erinnern konnte.

Der Boden erzitterte unter stampfenden Pferdehufen. Die wenigen erbeuteten Tiere wurden mit dem Zeichen Rauklands gebrandmarkt. Ein Schimmel bäumte sich in den Seilen, die seinen Kopf hielten, aber es nützte ihm nichts. Noch während das Pferd die Männer umherzerrte, zwang einer von ihnen das glühende Eisen auf das weiße Fell. Der Schimmel schrie.

Der Geruch von verbrannten Haaren wehte herüber. Ronan drehte den Kopf, bemüht, den erdigen Geruch des Grases einzuatmen.

Ein Schatten fiel auf ihn.

»Ronan.«

Zhodan kniete sich an seine Seite. Der ältere Mann blickte auf ihn herab. Das lange Schwert an seiner Seite berührte das taubedeckte Gras.

»Was, zum Teufel, ist in dich gefahren?« Eine ungewohnte Schärfe war in seiner Stimme.

»Weiß nicht«, flüsterte Ronan.

Es tat weh zu sprechen, aber Zhodans Blick schmerzte noch mehr. Dachte er etwa, es wäre Nachlässigkeit gewesen, die seinen Schüler in diese Lage gebracht hatte?

Zhodan setzte einen schlanken Krug ins Gras.

Ronan schob die Arme unter die Brust. Verständnislos betrachtete er erst den Krug, dann den Mann neben ihm.

»Du bist betrunken«, sagte Zhodan.

Nicht auch noch er!

»Nein! Bin ich nicht ...«

Zhodans Augen wurden schmal. »Der Krug dort lag neben deinem Lager. Deine Decke ist mit Wein besudelt. Ebenso, wie du es bist!«

Ronan schlug mit dem Kinn ins Gras, als Zhodan seinen Arm verdrehte und ihm den Stoff seines Hemdes ins Gesicht presste.

Süßlicher Geruch stieg ihm in die Nase. Er warf den Kopf zur Seite und würgte. Tief aus seinem Inneren loderte Furcht empor. Die Nacht fehlte in seiner Erinnerung. Alles war unwirklich, fremd. Er selbst war sich fremd. Niemals in seinem Leben war er so betrunken gewesen, dass er nicht mehr wusste, was er getan hatte.

Er presste eine Hand an seinen Hals und holte zitternd Luft. Der Mann, der seit seinem fünften Lebensjahr sein Lehrmeister, Begleiter und oft genug sein Beschützer gewesen war, beugte sich vor und berührte seine Schulter.

»Sie bereiten den Pflock vor.«

Ronan schloss die Augen. Er hatte es geahnt.

Zhodans Hand drückte leicht zu. »Du bist stark. Du wirst es hinter dich bringen ...«

Die letzten Worte hörte Ronan kaum, denn Zhodan wurde zur Seite gestoßen und Vater nahm seine Stelle ein. Eiserne Beinschienen umschlossen seine Unterschenkel wie Stiefelschäfte, der Harnisch aus Kettengeflecht fiel bis zu seinen Knien. Leinenstoff spannte sich darüber, feucht von Erde und Blut. Sein weißblondes Haar hing ihm auf die Brust, die Augen, hell und stechend, brannten vor Zorn.

Azel Carinn, der König Rauklands.

Reglos lag Ronan zu seinen Füßen. Er wagte nicht zu blinzeln, denn mit jedem Herzschlag pulsierte der Zorn an der Halsseite seines Vaters.

Stumm sahen sie einander an. Es gab nichts zu sagen. Er hatte eine Strafe verdient. Kein Wort der Entschuldigung würde daran etwas ändern. Dazu kannte er seinen Vater zu gut.

Azel über ihm stieß einen verächtlichen Laut aus. Mit einer abrupten Bewegung erhob er sich. Nur die Stiefel blieben in Ronans Blickfeld zurück.

»An den Pflock mit ihm!«

Jubelrufe erhoben sich aus den Reihen der Männer. Ein ganzes Dutzend kam herbeigelaufen, um ihn an einem Fichtenstamm zu zerren. Dieser war der Mittelpunkt einer Zeltkonstruktion, deren Stoffbahnen nun eilig entfernt wurden. Straff gespannte Befestigungsseile verliefen vom Boden bis zum oberen Ende des Stammes. Die Männer stießen ihn gegen den Pfahl und banden seine Hände hoch über dem Kopf zusammen. Erleichterung durchflutete Ronan. Er würde nicht auch noch darum kämpfen müssen, aufrecht stehen zu bleiben.

Sein Publikum hatte sich in zehn Schritten Entfernung zu einem Halbkreis formiert. Schräg hinter Ronan stand Vater, eine Hand auf dem Knauf seines Schwertes.

Erwartungsvolle Stille senkte sich über das Lager.

»Zwanzig!«, rief Vater.

Die Menge johlte, und Ronans Herz sank.

Er spürte Vaters Blick auf sich, aber er wollte ihm nicht die Genugtuung geben, den Schrecken zu zeigen, den ihm diese Ankündigung einjagte. Sein Kopf war wieder klar, doch bald würde er sich wünschen, das wäre nicht der Fall. Zwanzig Hiebe waren eine grausame Strafe, und in seinem Zustand hatte er kaum Aussicht darauf, die Tortur durchzustehen.

Aus: Rauklands Sohn,
Copyright Jordis Lank & Verlag El Gato,
ISBN 978-3943596045

Besprechung: Rauklands Sohn

Das ist ganz sicher keine ruhige Szene, sondern Gewalt und Brutalität beherrschen sie. Mit Action und Gewalt lässt sich Spannung erzeugen, kein Zweifel. Aber auch Action und Gewalt brauchen einen Konflikt und Personen, um die die Leser zittern. Beides haben wir hier. Ronan wacht auf, sein Vater ist wütend, weil er seine Aufgabe nicht wahrgenommen hat, und die anderen Krieger sind ihm auch nicht wohlgesonnen. Er ist schuld, dass eine Schlacht verloren ging.

Doch Ronan kann sich weder an ein Mädchen erinnern noch daran, dass er am Abend zuvor Wein getrunken hat, geschweige denn, dass er betrunken war.

Stimmt das? Was glauben Sie, gab es das Mädchen, hat er sich betrunken, oder ist etwas anderes passiert?

Übung

Was ist dieser Szene vorausgegangen? Hat sich Ronan ein Mädchen geschnappt, sich volllaufen lassen, oder ist etwas anderes geschehen? Schreiben Sie die Szene so auf, wie sie Ihrer Meinung nach abgelaufen ist.

Ich glaube, dass die meisten Leser wünschen, dass die Szene anders abgelaufen ist, als der König und die Soldaten glauben. Dabei sind die Beweise doch erdrückend. Er hat verschlafen, ihm ist furchtbar übel, er stinkt nach Wein, und ein leerer Weinkrug findet sich auch. Schuldig, Euer Ehren, würde der Staatsanwalt vor Gericht plädieren.

Doch wir haben Ronan erlebt, sein Elend, dass er sich nicht erinnern kann. Und wir haben einen brutalen König erlebt, der herzlich unsympathisch ist und der die Leser gegen sich aufbringt.

Kein Wunder, dass wir Romans Partei ergreifen.

Gerne würden wir für unschuldig plädieren. Leider wissen wir es aber nicht. Wenn wir es wissen wollen, müssen wir weiterlesen.

Das ist eine Technik, die sich in den unterschiedlichsten Geschichten verwenden lässt. Lassen Sie etwas wahrscheinlich erscheinen, dass der Leser nicht wünscht. Die hübsche junge Frau, die dem Helden Liebe geschworen hat, hat mit dessen bestem Freund die Nacht verbracht. So scheint es zumindest. Der Leser aber wünscht sich: Nein, so war es nicht. Er leidet mit dem Mädchen, dem alle Untreue vorwerfen. Und alles deutet darauf hin, dass sie ihren Geliebten verraten hat.

Doch die Leser zittern und bangen, dass es nicht so sein möge.

Der Polizist hat den Gaunern die geplante Razzia verraten, dafür sprechen eindrückliche Beweise. Er wird vom Dienst suspendiert, seine Kollegen sprechen nicht mehr mit ihm. Die Leser bibbern, um Gottes willen, das darf nicht wahr sein, dass der Held ein Verräter ist.

Wenn Sie wissen wollen, ob es stimmt (was Sie befürchten) oder nicht stimmt (was Sie sich wünschen), wenn Sie erfahren möchten, wie der Held sich da herauswindet, müssen Sie weiterlesen.

Fragen Sie sich: Was wünschen sich die Leser? Lassen Sie genau das Gegenteil geschehen, das, was die Leser auf keinen Fall erleben wollen.

Leser sind Masochisten, sie wollen, dass man sie fesselt und auf die Folter spannt.

Zurück zu Rauklands Sohn. Wenn die Personen nicht so gut dargestellt wären, würde die Gewalt nicht wirken.

Sie können in der Leseprobe sehen, wie es weitergeht in der Szene, aber das ist nichts für zartbesaitete Gemüter.

Leseprobe Rauklands Sohn (http://www.jordis-lank.de/app/download/7275279886/RauklandsSohn_Leseprobe.pdf?t=1403173411)

Und wenn Sie wissen wollen, was am Abend vorher passiert ist, tja, dann müssen Sie »Rauklands Sohn« lesen. Es lohnt sich.

IV. Praktische Hilfen

Der Kampf zwischen innerem Kind und innerem Zensor

Leider haben Autorinnen zwei Seelen in der Brust. Schon Goethe wusste, dass die beiden sich voneinander trennen wollen.

Das eine ist das innere Kind, das spielen will, das einfach erzählt, sich nicht um Vorgaben kümmert und alles toll findet, was es zu Papier bringt.

Der andere ist der innere Zensor, eine Bürokratenseele, die nichts lieber tut, als Fehler zu suchen und auch am tollsten Text noch etwas zum Mäkeln zu finden.

Sind beide gleichzeitig aktiv, gibt es Streit. »Was schreibst du wieder für einen Quatsch?«, kreischt der Zensor, sobald das innere Kind auch nur einen Satz zusammengestottert hat. Kein Wunder, dass kaum ein Autor arbeiten kann, solange die beiden in seinem Kopf aufeinander einschlagen. »Schreibblockade« nennt sich so etwas in der Fachsprache.

Trotzdem sollte jeder Autor diese beiden Seelen lieb haben. Aber er sollte ihnen den Umgang miteinander verbieten.

Verweisen Sie den Zensor aus dem Raum, wenn das innere Kind schreibt. Versprechen Sie ihm, dass er später alle, aber wirklich alle Fehler anstreichen darf. Vorausgesetzt natürlich, dass er sie verbessert. Die erste Fassung sollten Sie das innere Kind schreiben lassen. Stören Sie es nicht dabei. Überlegen Sie nicht, ob das, was es schreibt, Unsinn ist oder schlecht. »Einen schlechten Text kann man korrigieren, ein leeres Blatt Papier nicht«, hat der Bestsellerautor Titus Müller gesagt.

Die Checkliste weiter unten ist also nicht dafür bestimmt, dass Sie sie ständig im Kopf haben. Sie ist für die Überarbeitung bestimmt. Da dürfen Sie alles, was das Kind an Chaos hinterlassen hat, verbessern, ändern, in sinnvolle Ordnung bringen. Ob Sie vorab den Plot planen oder auf ein vages Ziel hinschreiben, spielt dabei keine Rolle, das hängt davon ab, ob Sie Kopf- oder Bauchschreiber sind.

Eins kann ich Ihnen aber noch verraten: Je öfter der innere Zensor die Texte überarbeitet, desto besser wird das innere Kind schreiben. Viele Überarbeitungsschritte, die Sie anfänglich mühsam und bewusst einplanen, werden mit wachsender Erfahrung automatisch erfolgen. Das innere Kind lernt vom inneren Zensor. Wenn der Zensor es nicht beim Schreiben behindert.

Das passiert überall. Deshalb üben Musiker, Fußballspieler und Sportler so viel. Damit die nötigen Fertigkeiten ihnen in Fleisch und Blut übergehen und, sobald nötig, ohne langes Nachdenken vollbracht werden können. Das ist beim Schreiben nicht anders.

Lesererwartungen

Lesererwartungen soll man nicht enttäuschen, das werden Ihnen die meisten Verlagsmenschen sagen. Vor allem, wenn sie aus dem Marketing kommen.

Literaten pochen dagegen darauf, dass ein Künstler sich nicht nach Lesererwartungen zu richten habe, denn dann entstehen gleichförmige Texte. Kunst soll aber originell sein.

Was ist Ihre Meinung? Ich weiß es nicht, kenne aber viele Autoren, die die Lesererwartungen hochhalten, und ebenso viele, die das als Einengung empfinden.

Schauen wir uns die Leser an. Jeder Autor möchte natürlich möglichst viele Leser gewinnen, so er nicht für die Schublade schreibt. Es gibt nichts schöneres als die leuchtenden Augen von Lesern, die davon schwärmen, wie sehr ihnen das Werk gefallen habe.

Was sind eigentlich diese ominösen Lesererwartungen?

Leser sind Masochisten, ich sagte es schon, sie wollen, dass man sie fesselt und auf die Folter spannt. Masochisten sollte man besser nichts Gutes tun. Ein Krimi, bei dem jeder Leser bereits auf Seite 2 auf den Mörder tippt, erfüllt zwar die Lesererwartungen, dürfte aber kaum zu glänzenden Augen und begeisterten Kritiken führen.

Bei einer Liebesgeschichte erwarten die Leser, dass der nette junge Mann und das hübsche Mädchen zusammenkommen. Die Aufgabe des Autors ist es, diese Lesererwartung so lange wie möglich zu enttäuschen, sagte Altmeister Sol Stein. Auch Shakespeare wusste zweifelsohne, was Leser und Zuschauer wollen: Dass Romeo und Julia sich in der strahlenden Abendsonne in die Arme sinken und wenn sie nicht gestorben sind, dann lieben sie sich noch heute.

Hätte er diese Erwartungen erfüllt, wären Romeo und Julia längst vergessen.

Was ich damit sagen will: Schielen Sie nicht zu sehr nach den Lesererwartungen. Achten Sie viel mehr darauf, spannend zu schreiben, und das heißt, das passieren zu lassen, was der Leser nicht erwartet. Er wird es Ihnen danken.

Also gar nicht auf Lesererwartungen achten?

Wie so oft ist es eine Gratwanderung. Im Whodunit sollte der Mörder nicht der sein, den die Leser erwarten. Kann nur von Vorteil sein, wenn die Oma der Täter ist.

Aber einen Täter sollte man am Schluss abliefern. Es gibt Lesererwartungen, die sollte man nicht enttäuschen. Wer einen Whodunit schreibt, der verspricht dem Leser ein Rätsel. Wenn sich dann am Schluss herausstellt, dass das Rätsel gar nicht gelöst wird, ist er zu Recht enttäuscht. Wer ein Heft mit Kreuzworträtseln kauft, erwartet, dass die Rätsel gelöst werden können. Er erwartet aber auch, dass die Rätsel nicht zu einfach sind. Bei Geschichten ist es genauso.

Sie sollen den Leser fordern, aber er soll Sie auch verstehen können. Der Autor sollte seine Leser und deren Erwartungen kennen. Er sollte sie in die Geschichte ziehen und ihnen ein Ende bieten, damit der Leser die Geschichte nicht so schnell vergisst. Aber er sollte auch immer daran denken: Masochisten sollte man nichts Gutes tun.

Testleser und Schreibworkshops

Testleser sind Gold wert. Das müssen keine anderen Autoren sein, gute Leser sind manchmal noch besser. Aber einige Anforderungen müssen sie erfüllen. Sie sollten Probleme benennen können, bereit sein, sich auf den Text einzulassen. Sie sollten nicht erwarten, einen perfekten Text vorzufinden, und vor allem nicht versuchen, das Feuilleton zu imitieren.

Letzteres ist wichtig, denn Rezensionen im Feuilleton unterscheiden sich grundlegend von der Arbeit an einem Text. Ein Literaturkritiker hat nicht die Aufgabe, dem Autor Ratschläge zu geben, wie er es besser machen kann. Er beurteilt einen fertigen Text, ordnet ihn die Literaturlandschaft ein, vergleicht ihn mit anderen Texten und spricht vielleicht eine Leseempfehlung aus oder auch eine Warnung.

All das ist in der Überarbeitungsphase Gift. Der Text ist noch nicht fertig, dass er Mängel hat, nicht überraschend, und vernichtende Kritik kann in diesem Stadium demotivieren. Vernichtende Kritik ist bei Literaturkritikern beliebt, vor allem bei Möchtegern-Kritikern. Da wird nicht diskutiert, welche Mängel der Text (noch) hat, auch nicht, wie man sie beseitigen kann. Im Extremfall fallen dann Sätze wie: »Der Autor sollte besser Bauchtanzen statt Geschichten zu schreiben« oder »Der Text gehört in die Tonne«. Das dient dem Selbstbewusstsein des Kritikers, nicht aber dem Text. Ich kenne Fälle, in denen nach solchen »Bearbeitungssitzungen« der Autor jahrelang nicht mehr geschrieben hat.

Das Ziel einer Überarbeitung ist die Verbesserung eines Textes, und Veranstaltungen, die diesem Ziel nicht dienen, sollten Autoren meiden. Das gilt auch für Schreibseminare, die sich am Feuilleton orientieren. Damit man mich nicht falsch versteht: Nach meiner Erfahrung motivieren die meisten Schreibseminare die Teilnehmer. Leider gibt es auch einige, die ihre Aufgabe darin sehen, den Teilnehmern nachzuweisen, dass ihre Texte nicht literarischen Ansprüchen entsprechen. Selbst in den USA sind solche zu finden. Stephen King hat einige davon erlebt, und in seinen Büchern tauchen diese Erfahrungen immer wieder auf.

Eine andere Form der Kritik ist genauso tödlich. Eine Geschichte enthält Elemente, die einfach nicht passen. »Das geht nicht«, sagen die Kritiker, und der verzweifelte Autor streicht umgehend diese Passagen.

Sicher gibt es Dinge und Ereignisse, die nicht funktionieren. Aber streichen? Oft ist besser, erst einmal zu überlegen: Wie kann ich das so verändern, dass es passt? Dass es in die Geschichte passt, wohlgemerkt. Geschichten sind Fantasieprodukte, sind Lügengebilde, und manches, was in der Realität nicht funktioniert, passt in einer Geschichte hervorragend.

Gregor Samsa erwacht »zu einem ungeheuren Ungeziefer verwandelt«. Kein Zweifel, niemand kann als riesiges Ungeziefer erwachen, und leicht wird dann erklärt: Unrealistisch, das glauben dir die Leute nie.

Kafka hat es nicht gestrichen, er hat die »Verwandlung« so geschrieben, dass die Leser ihm glauben, dass Gregor Samsa als Ungeziefer erwacht.

Noch schlimmer sind Kritiker, die ihre Kenntnisse ausschließlich aus Büchern und Filmen beziehen, aber felsenfest überzeugt sind, dass sie wissen, wie die Personen im Roman agieren müssen. Tatort-Zuschauer, die den Tatort mit realer Polizeiarbeit verwechseln. Krimileser, die zahlreiche Krimis über Serienmörder konsumiert haben und nun glauben, sie wüssten, wie Serienmörder ticken. Wenn der Arzt in der Geschichte nicht dem Bild des Arztes aus Film und Medien entspricht, schreit man sofort »unrealistisch«.

Auch Testleser sind nicht alle gleich. Dem einen fallen auch die kleinsten Logikfehler auf, der nächste kann sich in Personen einfühlen, dem Dritten stechen holprige Sätze sofort ins Auge.

V. Die Checklisten

Hier finden Sie Checklisten, die Ihnen bei Ihrer Überarbeitung helfen soll. Was Sie schreiben, worüber Sie schreiben, das müssen Sie wissen. Diese Listen sollen Ihnen helfen, bei der Überarbeitung einen möglichst spannenden Roman zu erzielen.

Sie werden bei einigen Punkten die Aufforderung finden, eine möglichst kurze Aussage zu Ihrem Roman zu verfassen. Bereitet Ihnen das Probleme? Vermutlich. Den meisten Autoren fällt es schwer, auf Anhieb den Konflikt, den Protagonisten und den Plot in einem Satz zu charakterisieren. Macht nichts. Beginnen Sie mit einer ausführlichen Darstellung. Dann streichen Sie. Überlegen Sie: Was ist wirklich nötig? Das kann sich über mehrere Tage hinziehen. Setzen Sie sich nicht unter Druck.

Und natürlich werden Sie nicht alle Fragen sofort beantworten. Gute Texte sind wie gute Weine. Die meisten benötigen eine Reifezeit. Wenn Ihr Projekt noch nicht so weit ist, dass Sie eine Frage beantworten können, dann lassen Sie sie offen.

Aber wenn es Ihnen dann gelungen ist, haben Sie eine sehr viel klarere Vorstellung Ihres Romans. Und eine bessere Vorstellung davon, was noch überarbeitet werden muss.

Wenn Sie die Checklisten zur Überarbeitung nutzen, denken Sie daran: Sie können nicht alles auf einmal überarbeiten, dann verlieren Sie schnell den Überblick. Fangen Sie mit den Personen an. Wer sind sie, welche Ziele haben sie, welche Motive? In welche Schwierigkeiten führen sie ihre Schwächen, welche unerwarteten Erfolge können sie durch ihre Stärken erringen?

Dann der Plot. Was passiert wann, wo ergeben sich Logikfehler?

Später die Timeline, die zeitliche Abfolge, passt sie? Was ist mit der Szenenfolge? Erst wenn diese Struktur steht, geht es an den Stil. Denn wenn sich die Personen ändern oder der Plot, dann müssen Sie den Text ändern oder gar neu schreiben. Deshalb kommt der Stil nach der Struktur.

Als Letztes sind Rechtschreibung und Grammatik gefragt. Diesen Punkt müssen Sie immer überprüfen, selbst wenn Ihre Geschichte noch so gelungen ist.

Für die Grammatikregeln gilt das Gleiche wie für alle Schreibregeln. Sie sind kein Dogma, aber jeder Autor sollte sie kennen. Und sie nur dort brechen, wo es sinnvoll ist. Menschen reden höchst selten in grammatikalisch korrekten, vollendeten Sätzen. Im Dialog ist die Grammatik deshalb meist nur ein Leitfaden, gegen den der Autor oft verstößt.

Sie werden nie alle Rechtschreibfehler entdecken, aber es sollten so wenige verbleiben, dass sie den Leser nicht ablenken oder gar aus dem Text werfen. Es lohnt sich, für die Rechtschreibung einen Korrektor zu beauftragen oder einen Freund, der fit in Rechtschreibung ist. Außer Sie gehören zu den wenigen Glücklichen, denen die eigenen Rechtschreibfehler beim Lesen auffallen.

Noch eine Warnung: Auch wenn sich für die meisten Romane die Fragen der Checklisten kurz und eindeutig beantworten lassen, heißt das nicht, dass die Qualität Ihres Roman davon abhängt, dass Sie alle Fragen beantworten.

Diese Checklisten sind Werkzeuge, mit denen Sie Ihren Roman überprüfen können, um zu entscheiden, was Sie überarbeiten wollen und was nicht. Nicht mehr, aber auch nicht weniger.

Wenn Ihr Wasserhahn funktioniert, packen Sie nicht die Werkzeugkiste aus. Wenn er aber tropft, ist es gut, eine Rohrzange in der Kiste zu haben und zu wissen, wie man sie bedient.

»Never change a winning team« heißt es im Sport. »Never change a winning story«, das gilt für Geschichten. Texte, die die Leser packen, ändert man nicht. Wenn Ihre Geschichte aber die Leser nicht packt – oder nur teilweise –, dann wird es Zeit, die Werkzeugkiste hervorzuholen. Glauben Sie mir: In 95 % der Geschichten von Nachwuchsautoren ist das der Fall. Und auch in 90 % der Geschichten von erfolgreichen Autoren.

Checkliste: Die sechs Stellschrauben der Spannung (Spannungslupe)

Der Thrillerautor Andreas Eschbach hat sechs Stellschrauben der Spannung (Spannungslupe) entwickelt, mit deren Hilfe Autoren nachprüfen können, an welchen Schrauben es liegen könnte, wenn ihr Text nicht spannend ist – und wo man nachkorrigieren müsste.

1. **Orientierung**: Der Leser muss orientiert sein, muss wissen, wo er sich befindet. Die Orientierung bezieht sich auf die Gegenwart der Erzählung. Weiß der Leser nach dem ersten Absatz, wo und wann die Szene spielt, und ist er sich über ihren Kontext im Klaren?

2. **Unvorhersehbarkeit**: Der Leser darf nicht wissen, was als Nächstes passieren wird. Die Szene sollte entweder mehrere Möglichkeiten offenlassen – oder aber den Eindruck erwecken, es gibt gar keine Rettung mehr. Der Leser weiß, der Held ist in Schwierigkeiten – aber er weiß nicht, wie er aus diesen Schwierigkeiten herauskommen kann. Weiß der Leser, wie es weitergehen wird (oder glaubt, das zu wissen), dann verfliegt die Spannung.

3. **Intensität**: Der Leser sollte der Figur möglichst nahe sein, ihre Gefühle intensiv spüren. Lassen Sie den Leser die Szene durch alle Sinne erleben. Schreiben Sie nicht nur, was die Personen sehen, sondern auch, was sie hören, riechen, spüren.

4. **Glaubwürdigkeit**: Je glaubwürdiger, »realer« eine Szene wirkt, desto mehr schlägt sie uns in ihren Bann. Prägnante Details können dabei helfen. »Glaubwürdigkeit« heißt nicht Realismus. Szenen können in unserer Realität völlig unmöglich sein, sie müssen aber in der Romanwelt glaubwürdig sein. Ein Bahnsteig »9 ¾« ist unrealistisch, aber in der Welt von »Harry Potter« überzeugend dargestellt. Dass ein Mann als großes

Ungeziefer erwacht, ist ebenfalls unrealistisch, doch Franz Kafka hat es in seiner Erzählung »Die Verwandlung« glaubwürdig beschrieben.

5. **Vorausdeutung**: Dem Leser wird angedeutet, dass da noch etwas kommen wird – aber er weiß nicht, was. Ihm wird eine Möhre vor die Nase gehalten, die ihn zwingt, weiterzulesen.

6. **Angemessene Sprache**: Es gilt, dem Leser das Lesen so leicht wie möglich zu machen und die angemessenen sprachlichen Mittel einzusetzen. Sinnvolle Absatzgliederung, keine Rechtschreibfehler, ein gut lesbares Schriftbild gehören dazu, aber auch ein Stil, der der Handlung entspricht. Atemlos bei Action, ruhiger in Liebesszenen, in Dialogen Sätze, die die Sprecher lebendig werden lassen. Siehe auch den Text-ÜV.

Eine ausführliche Darstellung der Stellschrauben finden Sie in dem Interview mit Andreas Eschbach in Abschnitt V. Zum gleichen Thema gibt es auch einen Seminarbericht auf meinen Seiten (http://www.textkraft.de/spannung.html).

Checkliste: Konflikt und Personen

Konflikt und Personen bilden die Grundlagen Ihrer Geschichte, bestimmen den Plot. Sie bestimmen die Struktur Ihrer Geschichte.

Was ist Ihr Konflikt?

Beschreiben Sie Ihren Konflikt in einem Satz, nicht mehr als 50 Wörter, 250 Anschläge. Ist dieser Konflikt nachvollziehbar? Denken Sie daran: Zu einem Autisten, der eine Sonderschule besucht, passt der Konflikt: »Wer hat den Nachbarhund ermordet?«, und der Leser kann ihn nachvollziehen (»Supergute Tage oder Die sonderbare Welt des Christopher Boone«). Zu James Bond würde er nicht passen. Wenn sich der Konflikt nicht in einem Satz schildern lässt, haben Sie ihn vielleicht zu komplex angelegt? Oder Sie denken zu kompliziert und wollen alle Details in die Beschreibung aufnehmen.

Wer ist Ihr Protagonist?

Beschreiben Sie Ihren Protagonisten in einem Satz, maximal 50 Wörter, 250 Anschläge. Denken Sie daran, Sie können mit einer ausführlichen Beschreibung beginnen und diese nach und nach auf einen Satz kürzen.

Passt Ihr zentraler Konflikt zu Ihrem Protagonisten, kann der Leser nachvollziehen, warum das für den Protagonisten ein zentrales Problem ist?

Was ist das Ziel Ihres Protagonisten?

Was will Ihr Protagonist? Was ist sein wichtigstes Ziel? Führt das Ziel Ihres Protagonisten zum zentralen Konflikt? Wenn das Ziel nichts mit dem Konflikt zu tun hat, müssen Sie Ihr Konzept überarbeiten.

Maximal 50 Wörter, 250 Anschläge, und denken Sie daran: Sie haben alle Zeit der Welt, Ihre längere Version zu kürzen.

Welches Motiv hat Ihr Protagonist?

Ein Protagonist, der ohne Motiv handelt, ist ein schlechter Protagonist, weil die Leser nicht verstehen, warum er sich auf den Konflikt einlässt. Schließlich könnte er einfach zu Hause bleiben, seiner Frau das Frühstück ans Bett bringen und mit den Kindern spielen.

Formulieren Sie also das Motiv Ihres Protagonisten in maximal 50 Wörtern, 250 Anschlägen.

Was ist die Schwäche des Protagonisten?

Ihr Protagonist sollte Schwächen haben – genau dadurch wird er in Schwierigkeiten kommen. Und er muss in Schwierigkeiten kommen, wenn Sie eine Geschichte spannend erzählen wollen. Wäre Achill nicht so nachtragend und jähzornig gewesen, hätte er die griechische Armee nicht verlassen und Patroklos wäre nicht erschlagen worden. Schon Homer wusste, wie wichtig die Schwächen eines Protagonisten sind.
Welche Schwächen hat also Ihr Protagonist? Und in welchen Szenen kommt er deswegen in Schwierigkeiten, gerät in eine aussichtslose Lage?

Was ist die Stärke des Protagonisten?

Die Stärken des Protagonisten sind es, die ihn am Ende dann doch den Konflikt gewinnen lassen. Goliath ist unendlich stärker, besser gewappnet als David. Aber David kann mit der Steinschleuder umgehen ...
Was ist also die große Stärke Ihres Protagonisten?

Was würde passieren, wenn der Protagonist sein Ziel nicht erreicht?

Das ist eine ganz wichtige Frage. Denn sie zeigt, warum der Konflikt für den Leser spannend sein soll. Wenn David Goliath nicht besiegt, werden die Juden den Krieg verlieren und untergehen. Wenn Frodo den Ring nicht zerstört, wird Mittelerde untergehen. Wenn der Serienmörder nicht gefasst wird, werden immer mehr Menschen bestialisch ermordet werden.
Was würde also passieren, wenn Ihr Protagonist sein Ziel nicht erreicht? Und ich hoffe, Sie haben es noch nicht vergessen: 50 Wörter, 250 Anschläge.

Wer ist Ihr Antagonist?

Kein Roman ist besser als sein Antagonist. Was wäre der Herr der Ringe ohne Sauron; ein Krimi ohne einen Mörder; eine Liebesgeschichte ohne einen fiesen Jago, einen Intriganten, der die Liebenden auseinanderbringt? Same procedure as every year: Beschreiben Sie den Antagonisten in maximal 50 Wörtern, 250 Anschlägen. Und vergessen Sie nie: Er sollte stärker sein als Ihr Protagonist.

Was ist das Ziel Ihres Antagonisten?

Was ist das Ziel Ihres Antagonisten? Es sollte dem des Protagonisten möglichst entgegengesetzt sein. Auch hier: 50 Wörter, 250 Anschläge.

Was ist das Motiv Ihres Antagonisten?

Jeder Bösewicht hat ein Motiv. Macht, Geld, Sex sind gute Motive, aber noch sehr allgemein. Fassen Sie es konkret: Nicht Sex, sondern der Bösewicht möchte mit der Geliebten des Helden ins Bett. Nicht Macht, sondern Weltherrschaft. Nicht Geld, sondern der Dagobert Duck von Deutschland zu werden. Los geht's, mit maximal 50 Wörtern, 250 Anschlägen.

Checkliste: Plot und Handlung

Plot und Handlung bestimmen, wie Ihr Konflikt verläuft, wie Ihre Personen agieren, was ihnen zustößt und wie der Konflikt aufgelöst wird.

Was setzt Ihre Geschichte in Gang?

Romeo und Julia verlieben sich ineinander, doch die Familien sind Todfeinde. Macbeth wird geweissagt, dass er König werden wird. Faust holt einen Pudel in seine Studierstube. Naz-

gul kreisen über Auenland und wollen den einen Ring gewinnen, der Mittelerde ins Verderben stürzen kann. Ein Hundertjähriger steigt aus dem Fenster, weil er seiner Geburtstagsfeier entkommen will. Gregor Samsa erwacht als riesiges Ungeziefer.
Jede Geschichte fängt irgendwo an. Ein Ereignis durchbricht die tägliche Routine, plötzlich ist alles anders als vorher, der gleichförmige Alltag vorbei.
Was setzt Ihre Geschichte in Gang?

Wie geht Ihre Geschichte aus?

Jede Geschichte hat ein Ende. Das kann ein Happy End sein, ein grausames Scheitern oder auch eine Mischung aus beiden. Romeo und Julia sind tot; Othello hat seine große Liebe wegen Jagos Intrige umgebracht; der Kommissar den Mörder überführt; der Hundertjährige, der aus dem Fenster stieg, hat neue Freunde gefunden und darf den Geldkoffer behalten; »Das ist der Beginn einer wunderbaren Freundschaft«, sagt Humphrey Bogart in Casablanca, als seine große Liebe davonfliegt, er aber eine neue Aufgabe gefunden hat.
Die ersten Seiten verkaufen das Buch, die letzten verkaufen das nächste. Ein guter Schluss bleibt in Erinnerung und macht Lust darauf, weitere Bücher des Autors zu lesen.
Wie geht Ihre Geschichte aus? Was ist das Letzte, das passiert, bevor Sie das Wort »Ende« unter den Text schreiben?

Wie ändert sich der Protagonist in der Geschichte?

In Serien ändern sich die Protagonisten selten. Doch in allen anderen Büchern sollte der Held durch die Geschichte etwas gelernt haben. Er ist jetzt ein anderer, seine Abenteuer sind nicht spurlos an ihm vorübergegangen.
Was hat Ihr Held durch seine Geschichte gelernt?

Wie sieht Ihr Plotpoint I (Point of no Return) aus?

Den Anfang der Geschichte haben Sie bereits beschrieben. Das ist der Hook, der die Leser in die Geschichte holt. Der Junge, der gefesselt und geknebelt auf eine Insel gerudert wird (Hiob). Der Plotpoint I ist das Ende des ersten Aktes. Etwas geschieht und nichts ist mehr, wie es war. Der Held tritt seine Heldenreise an. Jetzt kann er nicht mehr zurück.

In »Hiobs Brüder« ist es die Szene, in der ein Sturm das Gefängnis einreißt und der Held mit den anderen beschließt, von der Insel zu fliehen. Der Hundertjährige, der aus dem Fenster stieg, findet einen Koffer voller Geld und behält ihn. Macbeth bringt seinen König um.
Was geschieht in Ihrer Geschichte an dieser Stelle?

Was ist Ihr Plotpoint II?

Mit dem Plotpoint II endet der zweite Akt. Der Held weiß, was hinter den Ereignissen steht. Der Antagonist auch. Beide schmieden ihre Pläne und sammeln die Truppen zum Showdown.
Beachten Sie: Auch dieses Ereignis sollte mit dem zentralen Konflikt in Verbindung stehen. Dieser Konflikt soll jetzt gelöst werden. Hitchcocks Hunde planen den entscheidenden Angriff, der ihnen den Knochen sichern soll. Erinnern Sie sich an das Hitchcockzitat? »Konflikt ist ein Knochen und zwei Hunde.«
Es ist immer gut, wenn die Pläne von Plotpoint II nicht aufgehen, wenn danach der schwärzeste Moment eintritt. Es passiert das Schlimmste, was in diesem Fall passieren kann.
Was ist Ihr Plotpoint II?

Showdown

Im Showdown findet die endgültige Auseinandersetzung statt. Ein Showdown folgt McMurphys Gesetz: Was schiefgehen kann, geht auch schief. Dies ist der dunkelste Moment für den

Helden. Der alte Freund hat die Pläne an den Gegner verraten. Der Kronzeuge widerruft die Aussage. Der Mörder kann entfliehen. Die Liebenden, die sich gerade ihre Liebe gestanden hatten, zerstreiten sich.
Alles, was abläuft, wie der Leser es vermutet, bringt hier Langeweile. Lassen Sie sich etwas einfallen, um den Helden ganz tief in die Scheiße zu reiten. Aber dann gelingt es ihm, das Blatt zu wenden.
Oder auch nicht.
Hier entscheidet sich, welcher Hund den Knochen bekommt. Vielleicht gewinnt ihn aber auch keiner der beiden, weil ein Dritter ihn sich schnappt, während die beiden sich prügeln?
Wie sieht Ihr Showdown aus?

Midpoint

Traditionell teilen sich Geschichten in drei Akte auf: Der erste und der dritte Akt umfassen jeweils ein Viertel des Textes, der zweite die Hälfte. Das ist eine Faustregel, die man aber nicht zu genau nehmen sollte.

Im zweiten Akt gibt es in der Mitte eine entscheidende Szene: den Midpoint. Diese Szene ist für den Fortgang des zweiten Aktes entscheidend, die erste Hälfte des zweiten Aktes läuft auf diesen Midpoint zu, die zweite ist die Folge dessen, was in dieser Szene passiert.

Was ist Ihr Midpoint? Was ändert sich in der Geschichte?

Checkliste: Spannungsbogen

Stimmen Figuren und die Grobstruktur? Gut. Denn jetzt geht es um die Feinheiten. Dazu sollten Sie bereits die Erstfassung des Manuskripts haben. Außer Sie sind ein überzeugter Kopfschreiber, der vor dem Schreiben die genaue Abfolge der Szenen plant.

Wie sieht Ihre Szenenfolge aus?

Sie sollten jetzt eine Szenenfolge erstellen, denn die liefert Ihnen einen Überblick. Schreiben Sie zu jeder Szene ein oder zwei Sätze, um sie zu charakterisieren.

Stimmt Ihre Timeline?

Schreiben Sie zu jeder Szene Datum nebst Uhrzeit in die Timeline. Ist die Abfolge der Szenen so überhaupt möglich? Könnte die zeitliche Abfolge enger gepackt werden? Die Spannung steigt, wenn die Ereignisse schneller aufeinanderfolgen. Es sei denn, dass Sie einen Familienroman wie »Die Buddenbrooks« oder »In Zeiten des abnehmenden Lichts« schreiben.

Gibt es Abwechslung in der Szenenfolge?

Fünf Actionszenen hintereinander dürften auch begeisterte Actionliebhaber überfordern. Fünf Sexszenen hintereinander lassen auch Pornofans gähnen. Die Abfolge Ihrer Szenen sollte genügend Abwechslung bieten. Nach einer ultraspannenden Actionszene ist eine ruhige Szene zur Entspannung gut. Das kann eine Liebesszene sein, aber auch Humor eignet sich dafür. Überlegen Sie sich ein System, um Ihre Szenen zu kennzeichnen, Farben sind eine gute Möglichkeit.

Rot = Liebesszene
Blau = Planung (Vorbereitung neuer Aktionen, Analyse)
Gelb = Action
Grün = Dialog
Orange = Sex
Schwarz = Katastrophe
Lila = Humor

Ob Sie Farben oder Großbuchstaben für jeden Typ wählen, bleibt Ihnen überlassen. Aber Sie sollten mit einem Blick erkennen können, wenn fünf gleichartige Szenen hintereinander folgen. Dann ist es ratsam, die Abfolge der Szenen zu ändern.

Wie sieht das Tempo Ihrer Szenen aus?

Ein weiteres wichtiges Szenenmerkmal ist das Tempo. Actionszenen sind schneller, Liebesszenen langsamer. Notieren Sie das ebenfalls vielleicht mit einem bis fünf »+«. »+« wäre eine sehr ruhige Szene, »+++++« eine sehr schnelle. Auch hier ist Abwechslung angesagt. Zu viele ruhige Szenen können der Spannung abträglich sein.

Jede Antwort eine neue Frage?

In jeder Ihrer Szenen sollte der Leser etwas Neues erfahren. Nicht, indem Sie es ihm erklären, sondern durch Handlung, Dialoge, inneren Monolog. Oft wird eine alte Frage geklärt, die bis zu dieser Szene noch offen stand. ABER: Für jede geklärte Frage sollte möglichst eine neue aufgemacht werden.
Wie sieht es damit bei Ihren Szenen aus? Was tragen die einzelnen Szenen zur Gesamtgeschichte bei? Und welche neue Frage werfen Sie auf?

Ist der Leser in den Szenen orientiert?

Den Leser im Ungewissen zu lassen, ist gut. Aber er sollte dennoch orientiert sein. Er muss wissen, wo er ist und wer die handelnden Personen sind.
Sind die Leser in Ihren Szenen also orientiert, wo und wann Sie sich befinden?

Geht es voran oder tritt es auf der Stelle?

Tödlich sind Szenen, die auf der Stelle treten, Szenen, in denen der Autor glaubt, er müsse dem Leser etwas erklären. Gibt es solche Szenen in Ihrer Szenenfolge? Streichen Sie sie!

Szenenende

Gibt es mehrere Möglichkeiten, wie es weitergehen könnte? Ist die, die Sie wählen, diejenige, die jeder erwartet? Oder, genauso gut: Gibt es keinen Ausweg? Zittert der Leser, weil er keinen Ausweg für den Protagonisten sieht?
Jetzt sehen Sie sich die Szenenenden an. Was weiß der Leser am Ende dieser Szene? Ist klar vorgegeben, wie es weitergehen wird? Das wäre schlecht. Idealerweise gibt es mehrere Möglichkeiten, wie der Plot sich entwickeln könnte.
Bieten Ihre Szenenenden mehrere Möglichkeiten, wie es weitergehen könnte? Und sind sie interessant genug, dass der Leser weiterlesen will? Oder kann sich der Leser gar nicht vorstellen, wie der Held sich befreien kann?

Checkliste: Merksätze

In den vorigen Kapiteln habe ich wichtige Merksätze fett gedruckt geschrieben. Damit Sie diese nicht mühsam suchen müssen, finden Sie hier alle Tipps zusammengefasst. Hängen Sie sich die Liste an die Wand oder über den Computer.

Erklären Sie dem Leser die Dinge nicht, sondern bauen Sie die Szene so auf, dass der Leser sie durch die Handlung erfährt (Show, don`t tell).

In Geschichten ist nicht nur wichtig, was im Text steht, genauso wichtig ist das, was dort nicht steht und was man zwischen den Zeilen findet.

Sie benötigen einen Konflikt, dem sie nicht ausweichen dürfen, und müssen ihn bis zum Ende erzählen. Konflikt ist ein Knochen und zwei Hunde (Hitchcock).

Ohne Antagonist gibt es keine spannende Geschichte, weil es keinen Konflikt gibt. Der Antagonist sollte mächtig sein und ein gutes Motiv haben, dem Helden in die Suppe zu spucken.

Personen, die bereits alles haben, was sie sich wünschen, sind als Protagonisten wenig geeignet.

Protagonist und Antagonist benötigen Motive und Ziele. Diese sollten möglichst anschaulich und konkret sein.

In aller Regel ist es besser, mit der Handlung oder dem Dialog zu beginnen und erst dann die Hintergründe zu erklären – soweit das überhaupt noch nötig ist. Schreiben Sie immer erst die Ereignisse, dann kommentieren Sie.

Der Leser muss nicht alles wissen. Er muss aber genügend wissen, um orientiert zu sein.

Erzählen ist immer eine Gratwanderung zwischen dem, was der Leser weiß, und dem, was er wissen möchte, was der Autor ihm aber nicht verrät.

Dialoge, in denen das, was wichtig ist, zwischen den Zeilen steht, sind immer ein gutes Mittel, um die Spannung zu erhöhen. Auch Dialoge brauchen Konflikt.

Wenn Sie nicht sicher sind, ob Ihr Text den Leser packt, dann streichen Sie alle Stellen, die Erläuterungen sind, und legen Sie beide Fassungen nebeneinander.

Nie vergessen: Die Delete-Taste ist der beste Freund eines Autors.

Die Dosis macht das Gift.

Lassen Sie das Gegenteil von dem geschehen, was sich die Leser wünschen.

Alles okay – was nun?

Sie können alle Fragen aus meiner Checkliste kurz und knackig beantworten?
Gut. Dann kennen Sie den Grundkonflikt, den Protagonisten und den Antagonisten, die Struktur Ihrer Geschichte und die wichtigsten Plotpoints.
Was sollten Sie nun bei der Überarbeitung überprüfen?

Stil und Sprache.

Solange Sie noch an den Figuren und der Struktur basteln, sollten Sie die Sprache noch nicht in den Mittelpunkt stellen.
Aber auch Sprache kann Spannung verstärken – oder eben auch verhindern. Dafür empfehle ich den Text-ÜV des Bestsellerautors Andreas Eschbach. Gehen Sie anhand seiner Liste Ihren Text durch – mir ist keine bessere Checkliste zu Sprache und Stil bekannt.

Grammatik und Rechtschreibung

Die letzte Überprüfung ist die Korrektur von Grammatik und Rechtschreibung. Sie glauben gar nicht, wie viele Rechtschreibfehler in Ihrem Text stehen, die Ihnen gar nicht auffallen. Auch geübte Autoren, die jeden Druckfehler in fremden

Texten entdecken, übersehen die eigenen Fehler. Der Duden-Korrektor oder ein anderes Rechtschreibprogramm kann Ihnen helfen. Aber diese Programme finden nur die offensichtlichen Fehler. Fragen Sie also einen Freund oder Bekannten, der fit in Rechtschreibung ist. Oder beauftragen Sie einen professionellen Korrektor.

VI. Interviews

Zoë Beck, Rebecca Gablé, Nina George und Ursula Poznanski haben alle sehr erfolgreiche Romane in unterschiedlichen Genres geschrieben, die von Lesern und Kritikern wegen ihrer Spannung gelobt wurden. Deshalb habe ich sie interviewt und wollte von ihnen wissen: Wie kommt eigentlich die Spannung in eure Bücher?

Wenn die Figurenkonstellation nicht stimmt, dann war's das mit der Spannung (Zoë Beck)

Zoë Beck hat mehrere Krimis geschrieben, der neueste, «Brixton Hill", kam auf die KrimiZEIT Bestenliste, wurde vom Deutschlandradio, von 3Sat, der Zeit und anderen Medien begeistert besprochen, und zahlreiche Rezensenten im Internet lobten die Spannung, aber auch die aktuellen politischen und sozialen Bezüge des Romans. Einige haben sie schon zur »Königin des deutschen Kriminalromans« ernannt. Sie schreibt außerdem für das Crimemag (http://culturmag.de/category/crimemag), für zahlreiche andere Medien und hat den E-Book-Verlag Culturbooks (http://www.culturbooks.de/) mit begründet.

Ein Grund, sie zu Spannung im Roman zu befragen.

Hans Peter Roentgen: Alle reden von »Spannung«, von »spannenden Romanen«. Aber was ist das eigentlich, diese Spannung im Roman?

Zoë Beck: Ganz schlicht gesagt: Wenn wir wissen wollen, wie es im Text weitergeht, ist es offenbar spannend. Jeder empfindet allerdings andere Situationen als spannend, grundsätzlich aber würde ich sagen: Die Spannung ergibt sich aus dem, was eine Figur will, und dem, was sie andererseits gezwungen ist zu tun, was nicht unbedingt dahin führt, wo sie dachte hinzuwollen. Wir haben einen Konflikt, nicht selten passiert der Figur das Schlimmste, was man sich für sie vorstellen kann, um den Konflikt möglichst groß zu machen. Das ist unabhängig vom Genre. Ich fand »Die Taube« von Patrick Süskind ja sehr spannend, und da geht es letztlich nur darum, dass ein Vogelphobiker morgens eine Taube vor der Tür hat und das Zimmer nicht verlassen kann. Wie ich mitgelitten habe – unbeschreiblich. (Ich habe selbst große Angst vor allem, was flattert.) Und wie heißt es so schön – wenn die größte Katastrophe erst einmal stattgefunden hat, wird alles noch viel schlimmer. So wird der Spannungsbogen aufgebaut und hoffentlich bis zum Schluss, zur Auflösung, gehalten. Dazu brauchen wir also erst einmal eine Figur, mit der wir auf diese Reise gehen wollen. Wenn die Figur uns kalt lässt, interessiert uns auch nicht, ob sie am Ende ihre Probleme lösen kann. Wenn allerdings der Konflikt zu schwach, zu konstruiert, zu uninteressant ist, kann die Figur noch so toll sein, da wollen wir dann auch nicht zusehen. Spannung erwächst, jedenfalls für mich, aus einer Figur; die bekannten »Spannungselemente«, wie man sie aus Filmen kennt – knarzende Bodenbretter im vermeintlich leeren Haus, was weiß ich – können auch nur greifen, wenn das Umfeld stimmt.

Hans Peter Roentgen: Welche Bedeutung hat »Spannung« für dich, wenn du schreibst? Denkst du bewusst beim Schreiben daran? Prüfst du beim Korrigieren den Text auf Spannung? Oder verlässt du dich auf dein Gefühl, darauf, dass du es spürst, ob ein Text spannend ist oder nicht?

Zoë Beck: Ich überlege gerade, ob ich tatsächlich an »Spannung« denke, also, ob ich diese Vokabel im Kopf habe. Vielleicht eher, ob es dicht und interessant genug ist. Ich schaue, dass es genügend überraschende Wendungen gibt, und hoffe dann am Ende eben, dass es Leser*innen interessiert, was ich geschrieben habe und wie ich die Geschichte erzählt habe. Also, ja, ich überprüfe das. Und mache das auch irgendwie nach Gefühl. Beides. Wenn ich die Figur und den Konflikt habe, überlege ich mir, wie der Weg der Figur verlaufen kann. Das ist dann der übergeordnete Spannungsbogen. Und dann versuche ich, die einzelnen Kapitel in sich auch so zu gestalten, dass sie zwar nicht unbedingt mit einem Herzinfarktcliffhanger enden, aber doch Überraschendes bringen und sich im besten Fall einmal drehen.

Hans Peter Roentgen: Gibt es besondere Techniken, um die Spannung im Roman zu erhöhen? Wenn ja, welche wären das?

Zoë Beck: Bezieht sich die Frage auf den Plot? Dann würde ich sagen: Nie aus den Augen verlieren, was das Ziel der Figur ist, welchen inneren und welchen äußeren Konflikt sie hat. Auf die Fallhöhe achten. Die Konflikte noch mal überprüfen, wenn man das Gefühl hat, dass es irgendwie fad wird: Wo kann man noch an der Schraube drehen, wo hat man sie vielleicht überdreht und nun ist es zu kompliziert, welche weiteren Figuren können noch hilfreich sein usw. Keine künstlichen Spannungselemente einfügen, die sich dramaturgisch nicht aus der Geschichte ergeben, das hat etwas Hilfloses.

Wenn es um den Stil geht: Da bin ich ja eher für Verknappung und gegen Adjektive. Viele glauben ja, sie müssten ihre Texte mit Adjektiven bewerfen, um Spannung zu erzeugen. Muss man nicht. Im Gegenteil. Mich stört das beim Lesen.

Spannende Dialoge: Wenn man da transportieren kann, dass die Gesprächspartner miteinander spielen, der eine den anderen absichtlich missversteht, manipulieren will etc. Bloß keine realistischen »Guten Tag, mein Name ist«-Dialoge. Überhaupt: Die Situation, in der ein Dialog entsteht, kann schon zur Spannung beitragen. Oder wer sich da unterhält. Auf diese Dinge achten.

Nicht missverstehen, wenn ich solche Dinge sage. Ich habe ungefähr schon alle Fehler gemacht, die man machen kann, und ich mache immer noch eine Menge Fehler. Ich weiß auch nur theoretisch, wie's im besten Falle zu gehen hat.

Hans Peter Roentgen: Was sollte man tunlichst vermeiden, wenn man spannend schreiben möchte?

Zoë Beck: Spannungsadjektive. Verkomplizieren der Handlung, das hat was von Nebelbomben werfen. Die sprachliche Spannungsklamottenkiste bemühen: von »Er schlug den Mantelkragen hoch, ging die dunkle Straße hinab und verschwand im Nebel« über »Lautlos schlich er durch den Wald« bis hin zu »Noch wusste er nicht, was ihn daunddort erwartete.«
Ich bin sicher, dass ich auch diesen Unsinn schon mehrfach selbst verbrochen habe.
Ein schwieriges Thema ist der Wissensvorsprung der Leser*innen. Wie viel darf und soll man da verraten oder auch nicht? Da übersieht man oft die Erzählperspektive, die man gewählt hat, wird schlampig und deutet Dinge an, die nicht hingehören, statt das drohende Unheil beispielsweise geschickt zu verpacken und in eine andere Perspektive zu packen. Oder: Wie viel hält eine Figur zurück? Enttäuscht das vielleicht die Leser*in? Wäre auch nicht gut.
Oh, und was ich vollkommen unspannend finde, sind ewige Beschreibungen. Dieses Aufzählen, wer alles wichtig ist und warum, alle in so einer Massenszene aufmarschieren lassen. Figuren einführen ist ein schwieriges Thema, da muss man ein sehr gutes Gespür entwickeln, wie man die Informationen verteilt und wann es eben auch mal passt, gleich alles auf einmal hinzuknallen. Aber so etwas wie die ersten, hm, fünfzig Seiten von Klaus Manns »Mephisto« kann man eigentlich nicht bringen, es sei denn, man heißt Klaus Mann und hat »Mephisto« geschrieben. Bücher, über die die Leser*innen sagen: »Die ersten fünfzig Seiten waren anstrengend, aber dann wurde es spannend«, habe ich meist nicht gelesen. Eben weil ich mich frage, warum die ersten fünfzig Seiten so sind, wie sie sind, und warum ich mir das antun muss. Eine Geschichte soll einen doch gleich hereinziehen. Und damit meine ich eben NICHT, dass es im ersten Kapitel Leichen hagelt, dass da Kinder geschändet, Frauen entführt oder Banken überfallen werden,

nein: Gleich am Anfang soll eben eine Spannung stehen, die dafür sorgt, dass ich mehr wissen will. Beim Krimi bietet es sich natürlich an, auf der ersten Seite Blut zu vergießen und dann die langweilige »Ermittler-legen-los«-Szene nachzuschieben. Aber auch das kann man umgehen. Muss man nicht, wenn man Genre schreibt, aber kann man.

Hans Peter Roentgen: Du webst in deine Romane immer wieder aktuelle politische Bezüge ein. In Brixton Hill zum Beispiel Margret Thatchers Tod und ihre neoliberale Wirtschaftspolitik, dass billige Wohnviertel und Slums wie Brixton sich zu neuen Kultvierteln entwickeln und die alten Mieter vertrieben werden. Andererseits hören Nachwuchsautoren immer den Satz: Für das Predigen sei die Kirche da und Romane mit einer Botschaft seien schlecht. Wie stehst du dazu?

Zoë Beck: Ich »predige« nicht, ich bin nicht religiös. Ich weiß auch nicht, was die »Botschaften« sein sollen. Ich beschreibe die Gesellschaft, wie ich sie kenne und wahrnehme. Margaret Thatchers Todesnachricht wurde genau so wie im Roman beschrieben in Brixton gefeiert, die Gentrifizierung bestimmter Gebiete ist Wirklichkeit, Neoliberalismus ist keine Erfindung von mir. Diese Themen sind Teil meines Lebens, Teil unserer Realität, also beschreibe ich, was ich sehe und erlebe. Und wir alle haben unsere eigene Weltsicht, die wir mit in unsere Texte hineinschreiben. Selbst wenn nichts davon auf dem Klappentext steht. Die Frage ist nur, wie wir uns den Themen nähern, und ich nähere mich eben auf diese Art. Ich schreibe nicht über böseböse Hacker, sondern ich beschreibe die Hackermentalität. Weil es mir wichtig ist. Das mag man belehrend finden oder als Botschaft verstehen, ich sehe es als Information, als Baustein der Welt, die ich beschreiben will. Ignorieren der politischen, gesellschaftlichen Begebenheiten ist auch eine Aussage, finde ich. Aber selbst »50 Shades of Grey« hat eine gesellschaftspolitische Aussage und damit auch eine wenig subtile Botschaft: Da wird das konservative, antifeministische Bild der jungen, unerfahrenen, finanziell abhängigen Frau gezeichnet, die buchstäblich alles tut, auch sexuell, um den gesellschaftlich über ihr stehenden, einflussreichen Mann zu bekommen. Vermeintlich abgeschwächt wird dieses Konstrukt mit der Behauptung, es ginge um Liebe. Aber natürlich saß da eine Autorin dran, die, bewusst oder unbewusst, eine Entscheidung getroffen hat, wer sich in ihrer fiktionalen Welt in wen zu verlieben hat. Ich habe das Buch nicht gelesen, nur davon gehört, hoffentlich habe ich das jetzt richtig wiedergegeben. Man sieht also, was allein in den Figurenkonstellationen schon an Aussage und Botschaft stecken kann, selbst wenn es sich »nur« um einen Liebesroman handelt. Da ich ein politischer Mensch bin, liest sich manches von mir mit Sicherheit politisch. Ist selbstreflexive Befindlichkeitsliteratur gefragt? Warum jammern dann alle, dass unsere Literat*innen nicht politisch genug sind?

Hans Peter Roentgen: Welche Bedeutung hat das Thema eines Romans für die Spannung?

Zoë Beck: Wenn es mit den Konflikten der Hauptfigur zu tun hat, eine große. Wenn nicht, ist es draufgeklatscht und anstrengend.

Hans Peter Roentgen: Die Personen seien das Wichtigste in Geschichten, auch das ein oft gehörter Satz. Wie wichtig sind sie für die Spannung? Und vor allem: Kann eine andere Person in der gleichen Geschichte die Spannung erhöhen oder auch killen?

Zoë Beck: Unbedingt. Der Antagonist ist natürlich zur Erhöhung der Spannung da. Wenn der Gegner eine Niete ist, wozu das Ganze? Die anderen Figuren können abstrakte Teilbereiche der Konflikte repräsentieren, da kann man sich spannende Sachen überlegen. Wenn die Figurenkonstellation nicht stimmt, dann war's das mit der Spannung, man ärgert sich, wann immer die blöde Figur auftaucht. Ich erinnere mich da an Wesley Crusher, den Sohn der Chief Medical Officer Beverly Crusher bei Star Trek – The Next Generation. Ein totaler

Abschalter. Die Fans der Serie haben ihn gehasst. Beverly war schon anstrengend genug, der »love interest« mit Captain Picard schlimm hinkonstruiert und richtig albern. Und dann auch noch ihr allwissender Überfliegersohn. Ich glaube, die allerersten Internetforen in der Geschichte des Internets wurden zu dem Zweck eingerichtet, über Wesley Crusher zu lästern. Hat man Personen, die nicht funktionieren, wird die Spannungskurve flach wie ein Pfannkuchen, egal was man tut.

Hans Peter Roentgen: Da ich dich schon zu Personen nerve, hier die Frage zum Antagonisten, dem Bösewicht im klassischen Theater. Was für einen Einfluss hat der auf die Spannung – und worauf sollte man achten, wenn man ihn erschafft?

Zoë Beck: Der sollte ein ehrwürdiger Gegner sein. Der darf auch bigger than life sein, wenn es die Umstände zulassen, ich denke an John Grisham, der macht das immer wunderbar. Der Antagonist kann auch aus einer Institution bestehen, kann etwas Abstraktes sein, aber selbst dann ist es sinnvoll, dem Ganzen ein Gesicht und einen Namen zu geben, das macht es nicht nur einfacher, sondern auch spannender. Natürlich muss man darauf achten, ihn nicht 100 % böse zu machen, das kann schnell langweilig sein. Ich finde es immer sehr viel reizender, wenn man irgendwann als Leser*in anfängt, den Antagonisten zu verstehen, vielleicht nicht dringend Sympathie zu entwickeln, aber wenn dann doch gezeigt wird: Das ist ein Mensch, der hat eine Geschichte, der kommt auch irgendwoher. Und: Er hat auch Schwächen. Man muss diese Figur ebenso sorgfältig ausarbeiten wie seine Hauptfigur.

Hans Peter Roentgen: Du gibst ja auch Kurse für Krimi-Autoren, zum Beispiel bei der bayrischen Akademie des Schreibens (http://www.literaturhaus-muenchen.de/akademie-stufe-2.html). Was kann man in solchen Kursen bezüglich der Spannung lernen, was nicht?

Zoë Beck: Wir haben einen ganz klassischen Lehrplan aufgestellt, weil ich sehr dafür bin, erst das Handwerk zu lernen und dann die Kunst zu machen. Wer Regeln bricht, sollte wissen, dass es sie gibt und wie sie funktionieren. Nur so kann man selbst auch besser werden. Außerdem ist das beispielsweise ein Kurs für jüngere Autor*innen, die noch am Anfang stehen und die wir über ein Jahr begleiten werden. Das heißt, wir klopfen alles ab: Plotaufbau, Szenenbau, Setting, Figuren, Figurenkonstellationen, Stil, Dialoge … Die Geschichte des Genres ist allerdings auch Thema, zu wissen, in welcher Tradition man steht, ist wichtig. Ich lege Wert darauf, dass es eben nicht darauf hinausläuft, nach bestimmten Schemata zu schreiben. Ich möchte Handwerkszeug vermitteln, um den Autor*innen zu erleichtern, ihre eigene Sprache zu finden und ihre eigenen Geschichten zu erzählen. Ich will genau nicht, dass sie Trends hinterherhecheln und schlechte Prosa in den Rechner hacken, nur weil es »die anderen« ja auch machen.

Hans Peter Roentgen: Herzlichen Dank für das Interview.

Zoe Becks Homepage finden Sie unter: http://zoebeck.wordpress.com/
Und ihre Tipps zum Schreiben finden Sie hier:
http://culturmag.de/crimemag/zo-becks-schreibtipps/76392

Spannung ist der Grund, warum man eine Geschichte erzählt (Andreas Eschbach)

»Die Haarteppichknüpfer« hieß das erste Buch von Andreas Eschbach, mit »Das Jesus Video« wurde er bekannt, es folgten zahlreiche Bücher, die alle große Erfolge wurden. Darunter waren Science-Thriller (»Der Letzte seiner Art«), aber auch Bücher, die aktuelle Probleme aufgriffen, wie »Ein König für Deutschland«, das sich mit Wahlcomputern beschäftigte, oder »Todesengel«, das Selbstjustiz und den Umgang deutscher Gerichte mit Gewalt zum Thema hatte. Der verstorbene Feuilletonchef der FAZ Franz Schirrmacher schrieb über ihn: »Eschbach denkt konsequent weiter, was längst schon Gegenwart ist und kaum jemand wahrhaben will.«

Bereits 2005 hielt er an der Bundesakademie für kulturelle Bildung in Wolfenbüttel ein Seminar über »Spannung«. Dort hat er erstmals seine »Spannungslupe« vorgestellt, die »sechs Stellschrauben der Spannung«. Heute fördert er Nachwuchsautoren in Seminaren der Bastei-Lübbe Akademie.

Hans Peter Roentgen: Gibt es etwas, das unerlässlich ist, um Spannung zu erzeugen, das jede Geschichte benötigt, wenn sie spannend sein will?

Andreas Eschbach: Wenn man das so fragt, klingt es, als sei Spannung eine Zutat, die man nachträglich zugeben kann und die nach gründlichem Umrühren eine Geschichte dann spannend macht. Aber genau das ist Spannung eben nicht – Spannung ist vielmehr der Grund, warum man eine Geschichte überhaupt erzählt!

Stellen wir uns die Ursituation des Erzählens vor. Alle sitzen ums Lagerfeuer, als einer anhebt und sagt: »Heute ist mir was passiert, das muss ich euch erzählen …« Das ist ja keine therapeutische Situation, in der das Gegenüber zuhören muss; vielmehr sind all den anderen heute auch allerhand Dinge passiert, die sie beschäftigen – und das spürt der Erzähler. Er spürt genau, dass er die Aufmerksamkeit der anderen erst gewinnen muss, dass er sie halten muss und dass sein einziges Hilfsmittel dafür die Art und Weise ist, wie er erzählt, was er erzählen will. Dass es nicht genügt, zu sagen, »heute habe ich einem Bär auf die Nase gehauen«, weil dann die anderen nur mit den Schultern zucken und denken, na und? Also wird er sie erst einmal neugierig machen, indem er ankündigt, dass ihm etwas ganz und gar Erschröckliches zugestoßen ist. Dann wird er erzählen, wie er in den Wald gegangen ist, und er wird es so erzählen, dass die anderen sich darin wiedererkennen, weil jeder von ihnen schon oft in den Wald gegangen ist und das, was da jetzt passiert, auch ihnen hätte passieren können. Er wird erzählen, wie ihm zumute war, als er diese unheimlichen Geräusche gehört hat, und auch das werden seine Gefährten nachvollziehen können. Und immer noch wissen sie nicht, was nun kommt! Bis er berichtet, wie ungeheuer groß und wie unerhört laut das Tier war, das dann auf ihn zukam, und wie beherzt er auf den nächsten Baum gesprungen ist, wie es nach ihm geschnappt hat, wie er – im letzten Augenblick natürlich, selbst wenn das ein bisschen übertrieben ist – diesen Ast zu greifen bekam, mit dem er dem Bär eins auf die Nase geben konnte, so dass der sich lieber wieder von dannen trollte. Und wenn der Erzähler das alles so gemacht hat, dann wird in diesem Moment ein kollektives Aufatmen durch die Runde gehen: Was für eine spannende Geschichte!

Das ist vielleicht das Wichtigste zum Thema Spannung: Wesentlich mehr als darauf, was man erzählt, kommt es darauf an, wie man es erzählt.

Hans Peter Roentgen: Und was sollte man tunlichst vermeiden, wenn man spannend schreiben möchte?

Andreas Eschbach: Alles, was den Leser – oder den Zuhörer am Lagerfeuer – aus dem Bann löst, in den man ihn durch das Erzählen schlägt. Erzählen ist ja eine Art leichter Hypnose: Ein gut geschriebenes Buch entführt den Geist aus der momentanen Realität in eine erfundene und hält ihn dort. Deswegen kann es passieren, dass man, wenn man in der Straßenbahn ein spannendes Buch liest, seine Haltestelle verpasst – das sollte für einen Autor, der spannend schreiben will, geradezu das Ziel sein!

Alles, was diesen Bann auflöst, löst auch die Spannung auf. Es gibt sehr vieles, was das bewirken kann. Manchmal genügen Rechtschreibfehler, falsche grammatikalische Strukturen oder irreführende Formatierungen: Wenn zum Beispiel eine Leerzeile zwischen Szenen fehlt, man sich fragt, »Hä, wo bin ich denn jetzt?«, und zurückblättern muss, dann ist der Bann oft auch schon gebrochen. Lange, unnötige Erklärungen langweilen leicht, mit der Folge, dass der Bann nachlässt. Und so weiter.

Hans Peter Roentgen: Welche Bedeutung hat »Spannung« für dich, wenn du schreibst? Denkst du bewusst beim Schreiben daran? Prüfst du beim Korrigieren den Text auf Spannung? Oder verlässt du dich auf dein Gefühl, darauf, dass du es spürst, ob ein Text spannend ist oder nicht?

Andreas Eschbach: Ich bin als Leser leicht zu langweilen, auch als Leser meiner eigenen Texte. Wenn mir mein Gefühl sagt: »Öh, das ist jetzt irgendwie langweilig«, dann ist der Moment gekommen, den Werkzeugkasten aufzuklappen und bewusst zu prüfen, welche Stellschraube der Spannung zu lose ist. Und dann darüber nachzudenken, was ich ändern muss, um sie fester anzuziehen.

Was Eingriffe auf ganz unterschiedlichen Ebenen erfordert. Manchmal muss man nur etwas anders beschreiben, um es wieder spannend zu machen, oder irgendetwas streichen, das einen als Leser in dem Moment nicht interessiert – in anderen Fällen muss man komplette Teile der Handlung umbauen,

Figuren anders anlegen, das Unterste zuoberst drehen in einem Text.

Bis dahin aber schreibe ich ohne solche Überlegungen. Das ist eher wie Autofahren, wo man nach einiger Fahrpraxis ja auch nicht mehr überlegt:»Jetzt sollte ich allmählich in den dritten Gang schalten.« Auf der Ebene denkt man erst wieder, wenn man in irgendwelchen Schwierigkeiten steckt.

Hans Peter Roentgen: In deinen sechs Stellschrauben für Spannung, auch »Spannungslupe« genannt, sagst du, dass der Leser einerseits orientiert sein muss, andererseits aber nicht wissen sollte, wie es weitergeht. Wie kann ein Autor herausfinden, was der Leser wissen muss und was besser offenbleibt?

Andreas Eschbach: Das ist ja gerade das Wesen der Spannung: Ich bin an einem bestimmten Ort, zu einer bestimmten Zeit, in bestimmten Umständen – aber ich weiß nicht, was nun passieren wird. Ich bin in Schwierigkeiten – aber ich weiß nicht, wie ich aus diesen Schwierigkeiten herauskommen werde. Wobei das »ich« in diesem Fall natürlich durch die Identifikation des Lesers mit der Figur erzeugt wird; die Figur ist es, die in Schwierigkeiten ist, aber als Leser erleben wir es so, als seien wir es selber. Nur in einem kleinen Winkel im Hinterkopf wissen wir, wir sind es nicht wirklich – nur deshalb können wir die Lektüre überhaupt als Genuss empfinden.

Nun, um diese Spannung empfinden zu können – ich bin in Schwierigkeiten und habe keine Ahnung, wie ich da rauskomme, obwohl viel davon abhängt, dass ich herauskomme –, muss ich besagte Schwierigkeiten zunächst vor allem verstehen. Das ist, was mit Orientierung gemeint ist. Gleichzeitig muss dem Leser unklar bleiben, wie diese Schwierigkeiten zu überwinden sind – im Gegenteil, ihm muss vor allem klar sein, dass es auf eine Menge Weisen nicht gehen wird.

Das ist aber für den Autor leicht zu unterscheiden, finde ich. Die Orientierung betrifft den gegenwärtigen Moment, die Problemlösung die Handlungszukunft. Über die Handlungszukunft verrät man vorrangig nur, was für Gefahren und schlimme Konsequenzen drohen, wenn nicht X geschieht – und schon bleibt es spannend.

Ich habe einmal ein Buch gelesen, dessen Autor sich meisterhaft darauf verstanden hat, nicht die geringste Spannung aufkommen zu lassen. Er hat dies bewerkstelligt, indem er am Beginn jeder einzelnen Szene zunächst geschildert hat, wie sie ausgeht, und von da im Rückblick, wie es dazu gekommen ist. Und ganz am Anfang des Buches stand, wie die gesamte Geschichte ausgeht. Dummerweise saß ich im Zug und es war meine einzige Lektüre, sonst hätte ich das Buch sicher nicht zu Ende gelesen.

Hans Peter Roentgen: Der Leser muss orientiert sein, also wissen, wo er sich befindet und worum es geht. Endlose Erklärungen fördern nicht die Spannung. Wie kann man diese Orientierung am besten sicherstellen?

Andreas Eschbach: Das geschieht natürlich am besten so beiläufig wie möglich. Manchmal genügen Andeutungen, manchmal bedarf es klarer, einfacher Aussagen. Auf jeden Fall sollte man sich immer den ersten Absatz jeder Szene anschauen und sich fragen: Weiß der Leser nach diesem Absatz, wo und wann die Szene spielt, und ist er sich über ihren Kontext im Klaren? Wenn eine Szene so geschildert wird, dass man als Leser erst mittendrin merkt, dass man das Geschehen ganz falsch eingeordnet hat, und dann zurückspringen und noch mal von vorne anfangen muss, dann hat der Autor jedenfalls in spannungstechnischer Hinsicht etwas falsch gemacht.

Hans Peter Roentgen: Du schreibst ja auch Jugendthriller. Gibt es da einen Unterschied bezüglich Spannung zum

Erwachsenenroman? Baust du Plot oder Sprache im Jugendroman anders auf?

Andreas Eschbach: Nein, was Plot und Sprache anbelangt, mache ich keinen Unterschied, und ich denke auch nicht, dass man das sollte. Für Jugendliche zu schreiben ist nicht irgendwie »einfacher«, als für ein erwachsenes Publikum zu schreiben. Die Themen sind ein bisschen anders gelagert, und die Hauptfiguren sind jünger – das ist alles.

Hans Peter Roentgen: Welche Bedeutung hat das Thema eines Romans für die Spannung?

Andreas Eschbach: Ein Thema kann Interesse an einem Roman wecken – oder dämpfen. Das hängt sehr davon ab, wie aktuell ein Thema ist. Themen können einen Roman auch stark datieren, das heißt, ihn schnell veralten lassen. Ein gutes Beispiel sind Romane über den KGB: Die waren interessant, als es den KGB noch gab; heute dagegen ist dieses Kürzel in einem Klappentext eher ein Wegleger.

Doch Interesse ist noch nicht Spannung. Sich allein darauf zu verlassen, dass man ein »spannendes Thema« hat, wie man so sagt, genügt nicht. Man muss die Spannung trotzdem aufbauen und über die Dauer der Geschichte halten.

Hans Peter Roentgen: Die Personen seien das Wichtigste in Geschichten, auch das ist ein oft gehörter Satz. Wie wichtig sind sie für die Spannung? Und vor allem: Kann eine andere Person in der gleichen Geschichte die Spannung erhöhen oder auch killen?

Andreas Eschbach: Genau genommen sind es nicht die Personen, die in einer Geschichte für Spannung sorgen, sondern die Konflikte zwischen ihnen – und unsere Identifikation mit zumindest einigen der Figuren! Wenn einfach nur ein paar Leute friedlich und glücklich beisammenleben, dann ist das eine erfreuliche Situation im wirklichen Leben, aber völlig unergiebig für Geschichten. Geschichten erzählen immer von Konflikten und wie man damit umgeht.

Aber eben auch die Identifikation ist unerlässlich. Es mögen sich Leute aus den nachvollziehbarsten Anlässen gegenseitig an die Gurgel gehen, und das womöglich an Bord eines abstürzenden Flugzeugs – wenn uns diese Leute völlig gleichgültig sind, dann ist das auch nicht spannend.

Hans Peter Roentgen: Noch eine Frage zum Antagonisten, dem Bösewicht im klassischen Theater. Was für einen Einfluss hat der auf die Spannung, und worauf sollte man achten, wenn man ihn erschafft?

Andreas Eschbach: Das kommt darauf an. Im Thriller zum Beispiel ist der Antagonist die entscheidende Figur; mit ihm steht und fällt der gesamte Roman. Denn der Antagonist ist ja der, der den finsteren Plan ausheckt und initiiert, der Held dagegen nur derjenige, der diesem finsteren Plan in die Quere gerät – also derjenige, der reagiert. Deswegen ist in diesem Genre ein guter – das heißt natürlich, ein richtig böser – Antagonist die halbe Miete. Nicht wahr, jeder erinnert sich noch an Hannibal Lecter – aber wie hießen noch mal seine Gegenspieler? Keine Ahnung.

In anderen Genres kann das wieder anders sein, ist der Antagonist nicht so entscheidend, ist vielleicht nur eine antagonistische Kraft oder gar, wie im Liebesroman, derjenige, den die Heldin am Ende kriegen wird – also alles andere als »böse«. Will man also allgemeiner über Spannung nachdenken, ist man besser bedient, in Kategorien von Konflikten, Erwartungen des Lesers und dergleichen zu denken. Oder anders ausgedrückt: aus den Blickwinkeln der »sechs Spannungsschrauben«.

Hans Peter Roentgen: Was sind denn diese »Stellschrauben der Spannung«? Dass der Leser orientiert sein muss, aber nicht wissen sollte, wie es ausgeht, hast du bereits gesagt. Verrätst du uns auch die anderen Stellschrauben der Spannung?

Andreas Eschbach: Das Bisherige waren die zwei Stellschrauben »Orientierung« und »Unvorhersagbarkeit«.

Eine weitere Stellschraube ist zum Beispiel »Intensität« – grob gesagt, die Nähe zur Figur. Wie nah bin ich ihr, wie intensiv sind ihre Gefühle, die ich miterlebe. Man kann fast jede Handlung spannender machen, indem man näher an die Figur heranrückt und sie das, was sie tut, intensiv erlebt. Allerdings beißt sich das in manchen Situationen mit der Notwendigkeit, den Fortgang der Handlung vor dem Leser verborgen zu halten, nämlich immer dann, wenn dieser von den Einfällen und Entscheidungen der Figur abhängt. Da gilt es, das richtige Gleichgewicht zu finden. Wobei man einer Figur im Verlauf einer Geschichte durchaus unterschiedlich nahe sein darf.

Dann wäre da noch die Stellschraube »Glaubwürdigkeit«: Je glaubwürdiger, »realer« eine Szene wirkt, desto mehr schlägt sie uns in ihren Bann – im Idealfall sind wir uns nicht mehr sicher, ob der Autor das womöglich ganz genau so selber erlebt hat. Tatsächlich sind es aber vor allem die Schilderungen sinnlicher Wahrnehmungen, die eine Szene glaubwürdig werden lassen, und die Einbeziehung prägnanter Details. Hemingway hat hierüber oft gesprochen: Wie eine Schilderung plastisch werden kann, indem einfach nur ein einziges Detail eingeflochten wird – es muss nur das Richtige sein.

Eine weitere Stellschraube ist »Vorausdeutung«: Nicht nur, dass man den Leser über den Fortgang der Geschichte im Ungewissen hält, man kann ihm darüber hinaus auch noch sozusagen eine Möhre vor die Nase halten in Form von Vorausdeutungen, dass da noch allerhand ungeheuerliche Dinge geschehen werden. Der eingangs erwähnte Erzähler am Lagerfeuer hat auch damit begonnen, dass er gesagt hat, ihm sei heute etwas Unerhörtes zugestoßen: Das war eine Vorausdeutung. Man kann das natürlich eleganter machen – da zeigt sich dann die Kunst des Autors –, aber selbst schlichte, direkte Aussagen wie »Wenn ich geahnt hätte, was noch passieren sollte …« können, so plump sie sind, die Spannung erhöhen.

Die letzte Stellschraube schließlich ist die »angemessene Sprache«. Da sind wir wieder in der Nachbarschaft der »Orientierung«. Es gilt, den Leser orientiert zu halten, aber auch, ihm das Lesen so leicht wie möglich zu machen. Das betrifft einerseits Formales – den Text in sinntragende, ansprechende Absätze einteilen, Dialoge mit Anführungszeichen versehen und dergleichen –, andererseits aber allgemein den richtigen Einsatz der sprachlichen Mittel. Wenn ich in einer Action-Szene kurze, abgehackt wirkende Sätze und Absätze verwende, dann transportiere ich damit nicht nur die darin ausgedrückte Information, sondern erzeuge zusätzlich das zur Handlung passende Gefühl von Atemlosigkeit und Stress und ziehe den Leser damit stärker in die Geschichte hinein. Das ist der Sinn solcher sprachlichen Techniken, von denen es sehr viele gibt und von denen auch ständig neue erfunden werden – und die man sich übrigens leicht bei anderen Autoren abschauen kann, wenn man die Bücher, die einen selber gefesselt haben, noch einmal analytisch liest.

Hans Peter Roentgen: Herzlichen Dank für das Interview.

Andreas Eschbachs Homepage finden Sie unter: http://www.andreaseschbach.de/

Ein guter historischer Roman braucht Spannung dringender als ein Krimi (Rebecca Gablé)

Rebecca Gablé gelang mit dem historischen Roman »Das Lächeln der Fortuna« der Durchbruch, zahlreiche weitere historische Romane folgten, die in der englischen Geschichte spielen und die alle in die Bestsellerlisten aufstiegen. Ein Beispiel ist »Hiobs Brüder«, die Anfangsszene daraus haben Sie zu Beginn dieses Buches gelesen.
Die »Welt« nannte sie »die Königin des historischen Romans«.
Sie hat auch Kriminalromane geschrieben und war drei Jahre lang Sprecherin des »Syndikats«, der Autorengruppe deutschsprachiger Kriminalautoren.

Hans Peter Roentgen: Alle reden von »Spannung«, von »spannenden Romanen«. Aber was ist das eigentlich, diese Spannung im Roman?

Rebecca Gablé: Sie setzt sich aus mehreren Elementen zusammen. Um Spannung zu erzeugen, brauche ich zuerst einmal einen Konflikt. Sagen wir beispielhalber, der Schurke S. will ein Geheimdossier stehlen, der Held H. will das verhindern. Zwei Figuren wollen also etwas diametral Verschiedenes, damit entsteht ein Konflikt. Als nächste Zutat brauche ich Suspense, also die Handlungselemente und Erzähltechniken, mit denen ich meinen Lesern diesen Konflikt vermittle und sie »in Spannung« versetze: S. hat sich die Kombination zum Tresor beschafft, wo das Dossier liegt, H. weiß das und will zum Tresor eilen, um ihn zu bewachen, kriegt aber kein Taxi / wird unterwegs angeschossen / bleibt im Fahrstuhl stecken – was auch immer. Das dritte Element ist Leseridentifikation. Ich muss meine Figuren so gestalten, dass die Leser Anteil an H.s und/oder S.s Schicksal nehmen, denn wenn die Figuren den

Lesern egal sind, ist ihnen auch gleich, wer den Wettlauf zum Tresor gewinnt, und es entsteht keine Spannung.

Hans Peter Roentgen: Welche Bedeutung hat »Spannung« für dich, wenn du schreibst? Denkst du bewusst beim Schreiben daran? Prüfst du beim Korrigieren den Text auf Spannung? Oder verlässt du dich darauf, dass du es spürst, ob ein Text spannend ist oder nicht?

Rebecca Gablé: Es heißt, Billy Wilder hatte eine Tafel über dem Schreibtisch hängen, auf der stand »Du sollst nicht langweilen!«, quasi als oberstes Gebot an den Erzähler. Ich besitze solch eine Gebotstafel nicht, habe sie aber sozusagen im Kopf. Spannung – als Gegenteil von Langeweile – gehört für mich zu den wichtigsten Zutaten für einen guten Roman. Nicht beim Schreiben, erst recht nicht beim Korrigieren prüfe ich meinen Roman deshalb auf Spannungsbögen, sondern viel früher beim Plotten.

Hans Peter Roentgen: Gibt es besondere Techniken, um die Spannung im Roman zu erhöhen? Wenn ja, welche wären das?

Rebecca Gablé: Es gibt etliche und vermutlich auch ein paar Dutzend, die ich nicht kenne. Die drei Klassiker sind wohl:
Die überraschende Wendung – Unser Held H. kommt nach Hause und findet dort nicht wie erwartet seine hinreißende junge Frau, die mit angezündeten Kerzen am gedeckten Tisch mit dem Dinner wartet, sondern eine verwüstete Wohnung und einen toten Kanarienvogel auf dem Kopfkissen seiner Liebsten.
Die unerkannte Gefahr – Wir Leser wissen, dass S. eine Bombe in H.s Auto eingebaut hat. H. hingegen ahnt nichts davon, und wir müssen tatenlos zuschauen, wie er einsteigt und den Schlüssel ins Zündschloss steckt.
Der Cliffhanger – Eine Sekunde, bevor H. den Zündschlüssel umdreht, endet das Kapitel, und es geht an anderer Stelle mit anderer Erzählperspektive weiter.

Ich denke, jede/r Autor/in, der oder die Unterhaltungsliteratur schreibt, setzt diese Techniken hin und wieder ein, und sie sind auch völlig legitim. Altbewährt mögen sie sein, aber die Leserschaft liebt es immer noch, sich davon verführen zu lassen. Doch sie bergen die Gefahr des erzählerischen Klischees. Nur weil Hitchcock sie wieder und wieder eingesetzt hat, dürfen wir das heute nicht zwangsläufig auch noch (zumal nur wenige es so genial können wie er). Ich glaube, man sollte diese erzähltechnischen Tricks nicht überdosieren.

Hans Peter Roentgen: Was sollte man tunlichst vermeiden, wenn man spannend schreiben möchte?

Rebecca Gablé: Zu lange Sätze, zu lange Absätze, zu lange Szenen und Dialoge. Erklärende oder lehrreiche Einschübe, Wiederholungen und vor allem in historischen Romanen Informationen, die nicht relevant für die Handlung sind. Und am allerwichtigsten: uninteressante Figuren.

Hans Peter Roentgen: Spannungsromane, darunter versteht man meist Krimi, Thriller, Abenteuer. Welche Bedeutung hat Spannung in anderen Genres wie zum Beispiel dem historischen Roman oder in der sogenannten Hochliteratur?

Rebecca Gablé: Über Hochliteratur kann ich mir kein Urteil erlauben, davon verstehe ich nicht genug. Ich wage jedoch die Vermutung, dass ihre Vertreter bessere Verkaufszahlen hätten, wenn sie spannender wären. Da aber ihre Autoren ja in der Regel die Nase über Bestsellerränge rümpfen, meiden sie Spannung vielleicht wie der Teufel das Weihwasser.

»Historischer Roman« ist als Genrebezeichnung problematisch, weil er Krimi, Thriller, Abenteuerroman, Hochliteratur und Verschiedenes mehr sein kann. Wenn der historische Roman den Anspruch hat, neben der Vermittlung zuverlässiger historischer Informationen auch gute Unterhaltung zu bieten, ist Spannung aber unverzichtbar.

Hans Peter Roentgen: Historische Romane sind meist eher ruhige Romane, die in epischer Breite erzählen. Trotzdem sprechen Leser auch bei deinen Romanen oft von »Pageturnern«. Was für eine Rolle spielt Tempo bei der Spannung? Und wie wichtig ist Spannung im historischen Roman?

Rebecca Gablé: Hier möchte ich widersprechen. Historische Romane sind in der Regel dick, weil sie lange Zeiträume behandeln, aber sie dürfen weder langsam noch in der viel zitierten epischen Breite erzählt sein, es sei denn, sie sortieren sich bei der Hochliteratur ein – siehe oben. Ein nach meinem Verständnis »guter« historischer Roman braucht Spannung dringender als ein Krimi, gerade weil er in der Regel lang ist. Nur mit Spannung ist es möglich, der Leserschaft die lange Geschichte mit oft sehr vielen Personen so unwiderstehlich zu machen, dass das Ziegelsteinformat sie nicht entmutigt.

Hans Peter Roentgen: Welche Bedeutung hat das Thema eines Romans für die Spannung?

Rebecca Gablé: Eine sehr geringe, würde ich sagen. »Boy meets Girl, aber die Eltern sind dagegen« gehört wohl zu den ödesten aller überstrapazierten Plotideen, die man sich vorstellen kann, bis ein William Shakespeare daraus »Romeo und Julia« macht. Ich würde nicht so weit gehen zu sagen, es ist im Grunde gleich, was man erzählt. Aber das »Wie« ist auf jeden Fall von größerer Bedeutung für die Wirkung der Geschichte als das «Was«.

Hans Peter Roentgen: Die Personen seien das Wichtigste in Geschichten, das sagt ein oft gehörter Satz. Wie wichtig sind sie für die Spannung? Und vor allem: Kann eine andere Person in der gleichen Geschichte die Spannung erhöhen oder auch killen?

Rebecca Gablé: Der Satz ist zutreffend. Die Figuren sind das Wichtigste an einem Roman, für die Geschichte als solche und auch für den Aspekt der Spannung. Je besser es mir gelingt, meine Figuren meinem Publikum ans Herz zu schreiben, desto stärker identifizieren die Leser und Leserinnen sich mit diesen Figuren. Wenn ich meine Sache richtig gut gemacht habe, verschmelzen sie während des Lesens mit den Figuren und nehmen persönlich Anteil an ihrem Schicksal, lachen und weinen mit ihnen. Und nur wenn diese Identifikation stark ist, kann Spannung wirken.

Natürlich können Figuren eine vom Plot her eigentlich spannende Geschichte auch kaputtmachen, wenn man sie falsch konzipiert hat. Ein unfehlbarer Held, zum Beispiel, der niemals Angst hat und dem immer alles gelingt, mag in alten James Bond-Filmen ja noch einen gewissen Charme haben, doch im Roman funktioniert er heute nicht mehr, weil mit solch einem Superman die oben beschriebene Identifikation nicht eintreten kann. Die Figur ist für uns nicht vorstellbar und bleibt uns fremd. Und wenn sie keine Furcht empfindet, können wir auch nicht mitleiden. Es bleibt eine Distanz, und Distanz ist der Spannungskiller.

Hans Peter Roentgen: Kommen wir zum Bösewicht. Wie weit muss der böse sein, was für einen Einfluss hat er auf die Spannung, und worauf sollte man achten, wenn man ihn erschafft?

Rebecca Gablé: Wäre die Spannung ein Auto, das einen Bogen von A nach B fährt, dann wäre der Bösewicht wohl der Motor. Er (oder sie) ist es ja in der Regel, der die unerwarteten Wendungen oder die unerkannten Gefahren herbeiführt. Er ist der Antagonist im für die Spannung entscheidenden Konflikt mit dem oder den Helden. Ein Gottesgeschenk für den Spannungssuchenden. Aber es gibt meiner Erfahrung nach kein

Patentrezept dafür, wie man ihn anlegen sollte, um seinen Antrieb optimal zu nutzen.

Manche Geschichten brauchen einen Boogeyman, einen Schurken, der so durch und durch böse ist, dass er uns Angst macht. Seine Psyche ist ein schwarzes Loch, und gerade weil wir ihn überhaupt nicht verstehen können, entsetzt er uns. Er scheint zu allem fähig, und wir zittern davor, was er im nächsten Kapitel tun wird. Das ist spannend.

Eine andere Geschichte erfordert vielleicht einen Schurken, der zwar Böses tut oder moralisch verwerflich handelt, dem wir aber trotzdem Verständnis entgegenbringen können. Vielleicht ist er witzig und/oder ein bisschen tragisch, und insgeheim fühlen wir mit ihm und wollen gar nicht unbedingt, dass er im Konflikt mit dem Helden unterliegt. Auch solch ein ambivalentes Verhältnis zwischen Leser und Schurken kann Spannung erzeugen.

Hans Peter Roentgen: Herzlichen Dank für das Interview.

Rebecca Gablés Homepage finden Sie unter: https://www.gable.de/index.html

Reichen die Konflikte, um interessant zu sein? (Nina George)

Nina George hat über 25 Romane und Sachbücher geschrieben, «Das Lavendelzimmer« stand wochenlang unter den ersten zehn der Spiegel-Bestenliste, wurde in zahlreiche Länder verkauft und von SAT1, der Badischen Zeitung, dem NDR und zahlreichen anderen Medien begeistert besprochen. Viele Rezensenten im Internet lobten die schriftstellerische Qualität und nannten es einen Pageturner.

Sie schreibt außerdem Essays für verschiedene Medien und setzt sich für den Schutz des Urheberrechts und die Rechte der Schriftsteller ein. Mit Ihrem Mann verfasst sie Kriminalromane unter dem Pseudonym Jean Bagnol, zuletzt »Commissaire Mazan und die Erben des Marquis«. Unter dem Pseudonym Anne West veröffentlicht sie Sachbücher über Liebe, Sexualität und Erotik.

Hans Peter Roentgen: Alle reden von »Spannung«, von »spannenden Romanen«. Aber was ist das eigentlich, diese Spannung im Roman?

Nina George: Spannung ist, wenn du den Roman entgegen aller guten Erziehung mit aufs Klo nimmst, weil du unbedingt wissen willst, wie es weitergeht. Oder durchliest, bis die Dämmerung an der Scheibe klebt.

Ich habe mindestens drei Spannungsarten lokalisiert im Verlauf meiner »Lesehistorie« von bisher ca. 5.000 gelesenen Romanen:

1) Die Spannung durch Aktion. Es ist dieses »Und dann? Was passiert jetzt?«-Gefühl, das die Seiten schier fressen lässt; die Spannung, die durch rasche Handlungsmomente (z. B. bei Harry Potter alle zwei Seiten) entsteht, die so wenig vorhersehbar und so wenig üblich wie möglich sein sollte.

2) Es gibt neben der handlungsorientierten »Und dann? Und dann?« noch die sog. psychogene Spannung, wie ich sie nenne, die sich dicht an den Charakteren der Figuren entlang aufbaut. Was diese denken, fühlen, Unerhörtes sagen oder in Zweifel ziehen. »Stolz und Vorurteil« besitzt diese psychogene Spannung, ein Reiz, der durch diese in sich »spannende« Figur entsteht, die selbst eine Spannung in sich hat, ein unsichtbares Band, das sich immer weiter auseinanderzieht und ihrer Persönlichkeit Kraft, Dynamik und Wucht verleiht.

3) Und letztlich gibt es noch die Spannung der außergewöhnlichen Idee, bei der das lesende Gehirn unbedingt wissen will, wie das gebaut ist, wie es ausgeht, was sich in dieser ausgedachten Welt für unerlebte Dinge offenbaren. Viele Fantasyromane spielen mit der Spannung des Neuen, obgleich sie vielleicht selbst wenig dramaturgisch spannend erzählt sind oder gar mit Stereotypen arbeiten. Dennoch kann das Unbekannte spannend sein.

Hans Peter Roentgen: Welche Bedeutung hat »Spannung« für dich, wenn du schreibst? Denkst du bewusst beim Schreiben daran? Prüfst du beim Korrigieren den Text auf Spannung? Oder verlässt du dich darauf, dass du es spürst, ob ein Text spannend ist oder nicht?

Nina George: Ich teile das erzählende Schreiben in drei Phasen ein. Ein bisschen wie guten Sex. Das Vorher, das Währenddessen, das Danach. Und nur an zwei Stellen ist Platz für das bewusste Spannungs-Setzen.

Vorher denke ich wahnsinnig viel über Plot, Figuren, Setting nach, bis ich mir sicher bin, wer meine Figuren sind, was ihre Probleme, was ihre inneren »Spannungen« sind, um mal bei dem Wortgebilde zu bleiben. Was für Probleme haben sie, in welche Abgründe würden sie sich am liebsten stürzen, was sind die Bänder, die sie gerade noch halten? Welche Macken haben sie, wie reden sie, was machen sie durch, was dem Leser gleichzeitig neu ist und dennoch nah geht, so, als erkenne er selbst in sich diese Emotionen?

Das Vorher ist aber trotzdem nicht der primäre Platz, um mir um Spannung zu viele Sorgen zu machen. Ausnahme: Ich schreibe einen Bagnol-Krimi, da muss ich mich – und meinen Co-Autor – natürlich während des Plottens und der Erstellung des Storyboards immer wieder kritisch fragen: Reichen die Konflikte, um interessant zu sein? Ist der »red herring« überzeugend genug, um wachzuhalten? Mit welcher Szene machen wir den »mind-opener«, soll's ein Erdbeben sein oder lieber der feine, ziehende Sog?

Wir, mein Co-Autor und Ehemann Jo und ich, stellen uns Spannung beim Krimi stets bildlich vor. Erdbeben, Sog, Labyrinth, Überraschungskarussell, Psychoschere – wir verbinden damit gleichsam auch dramaturgische Techniken. Aber dazu später.

Wenn ich schreibe, bin ich asozial. Ich muss mir diese gewisse Stimmung aus Kreativität, Mut, Scheiß-drauf-ich-mach-das-jetzt-wie's-mir-passt und Lust, diese Quälerei auf mich zu nehmen, hart erringen.

Es ist ein fragiles, rauschhaftes Sein, das Schreiben; getrieben von etwas in mir, was empfindlich bis aggressiv auf Realität reagiert. Social Media, Müll rausbringen, nett zum Postboten sein, so etwas – das will ich während des Schreibens alles nicht haben. Ich bin in einem Zustand der Innerlichkeit, in dem alles, was von außen kommt, so dermaßen stört, dass ich zur Totschlägerin werden könnte.

Warum ich das so betone? Um aufzuzeigen, dass ich während des Schreibprozesses sicher nicht an so etwas wie Schreibtechniken oder gar »Wie mache ich das jetzt hier spannend?« denke. Das ist wie beim Sex: Wer währenddessen darüber nachdenkt, was er alles falsch oder richtig oder besser machen könnte, der fällt aus seiner Stimmung und hat ziemlich sicher verkrampften Sex.

Ich glaube fest an das »Danach«. Mein »Nachspiel« ist die zwei- bis siebenfache Überarbeitung der kompletten Geschichte. Ich knete sie so lange, bis ich sie loslassen kann. Und wenn ich während der Überarbeitung merke, dass ich Längen habe oder eine Figur so dermaßen den Fluss der Story stört – dann wird es umgeschrieben, rausgeschmissen, neu geschrieben. Ich bin eine große Freundin der Überarbeitung.

Hans Peter Roentgen: Gibt es besondere Techniken, um die Spannung im Roman zu erhöhen? Wenn ja, welche wären das?

Nina George: Es gibt sicher mehrere Dutzend Techniken, vom kleinen Taschenspielertrick bis zum komplexen Gebilde. Hier eine Handvoll.
· Kurze Sätze bei Aktion, lange bei Reflexion.
· Cliffhanger an jedem Kapitelende.
· Alle zwei Seiten was passieren lassen (Jugendroman, Fantasy, Krimi).
· Zeitnot, Geldnot, Platznot: Alles sehr hilfreiche Zustände, um die Hauptfigur unter Druck zu setzen und die Story damit zum Nägelabkauer zu machen. Setz ein Ultimatum (»Bis zum 1.8.14 musst du das Rätsel lösen, sonst stirbt die Menschheit«), fessle jemanden in einem Schwimmbecken und lass Wasser ein, oder spiel Hütchen mit ihm (»Nur eine Tür ist die richtige und wird dich retten – welche ist es?«). Die Tribute von Panem besaßen diese Elemente und haben damit exzellent gespielt.
· Die Dan-Brown-Zopf-Methode: Drei Perspektiven – Held, Antiheld und die bedrohte, zu rettende Welt mit ihren Gestaltwandlern – abwechselnd erzählen. Am besten mit Punkt 3 zu vermischen.
· Lass zwischen Schreiben und Überarbeiten des fertigen Textes vier Wochen Minimum verstreichen. Kürze dann ein Viertel des Manuskriptes.
· Tausche die Geschlechter deiner Hauptfiguren aus, wenn du die Geschichte und die Figuren irgendwie ein bisschen leblos oder zu oft gehört findest. Bodyswitch erweckt die Story

wieder zum Leben und führt sie zu einer inneren neuen Grundspannung.

· Schreibe aktiv, vermeide Passiv, Konjunktiv und Adverbien. Und Füllphrasen wie »Er glaubte jetzt, zu verstehen ...« oder »Er begriff, dass er falsch gelegen hatte.« Nix da. Er verstand. Er hatte falsch gelegen.

· Hab einen oder zwei Joker. Gestaltwandler, Narren, schillernde Nebenfiguren. Das sind Figuren, die sich an geeigneter Stelle schlagartig wandeln; der Freund zum Feind, der Böse zum Hilfreichen, der Feige zum Krieger, die Schwiegermutter zur besten Freundin. Es geht doch nichts über ein bisschen Erschrecken aus der Gewohnheit.

· Moderiere wichtige Wendungen an. Spannung ist, wenn der Leser, die Leserin sich fragt: Wird sie es tun – oder nicht? Wird sie es sagen – oder nicht? Das ES kann das Wehren der bisher feigen Hauptfigur gegenüber ihrem betrügerischen Ehemann, tyrannischem Chef oder fiesen Freundin sein. Es kann die innere Überwindung des Polizisten sein, sich doch noch mal ins Zeug zu legen.

- Zehn Prozent Bad Boy oder Bitch, please. Deine Figuren musst du lieben. So lautet das erste Gebot. Die Figur ist dein Gott und so weiter, du weißt, was ich meine. Aber: Sie dürfen niemals rein und fein und nett sein. Gib dem Helden ein Hauch Bad Boy und der Heldin eine Prise Bitch. Die interessantesten – spannendsten, überzeugendsten, lebendigsten – Charaktere sind jene, die ungerade sind, sich niemals logisch verhalten und schon gar nicht ständig überlegt, fair oder ausgeschlafen.

· Hab ich vergessen, aber es war was mit dir selbst zu tun. Wenn du einen überzeugenden Bösen schreiben willst, dann verleih ihm alles, was in dir Wütendes, Hassendes, Brutales ist. Das kommt dann richtig gut, das ist psychogene Spannung at it's best.

· Hör auf, deinen Text jeden Tag zu lesen und zu überarbeiten und an der Spannung herumzufriemeln. Was erwartest du, wenn du das Ding siebzehn Mal gelesen hast? Es ödet dich an, natürlich! Also lass es, schreib, und lies erst wieder in ein paar Tagen und nicht zu oft.

· Und letztens: Erzähle den Leuten nicht so viel von deiner Idee, den Wendungen und den total irren Figuren. Je öfter du es erzählst, desto weniger Lust hat dein Gehirn, es dann noch zu schreiben. Wir besitzen sog. »craving brains«, sie sind hungrig nach Abwechslung und Neuem. Also belaste es nicht mit zu viel Wiederholung.

· Kauf dir einen guten Stuhl oder arbeite an einem Ort, an dem du keine Schmerzen bekommst. Überarbeiten ist Disziplin und den eigenen Text bearbeiten benötigt eine gefasste Stimmung und keine Schmerzen; die lassen den Text seltsamerweise langsamer wirken, als er in Wahrheit ist.

Hans Peter Roentgen: Was sollte man tunlichst vermeiden, wenn man spannend schreiben möchte?

Nina George: Sich auf Strickmuster anderer Leute verlassen. Nimm dir einfach vor: Ich will den Mord, die Liebe, die Erfindung der Null so erzählen, wie es noch nicht erzählt wurde.

· Sich bewährten Strickmustern entziehen. Nein, das ist kein Widerspruch zu 1). Die dramaturgischen Grundmuster – Aufstellung, Anfang, Mittelteil, Finale, Wendepunkte, Höhepunkte, eben all das, was die sog. »Heldenreise« ausmacht, sind ein System, das der Mensch über Jahrhunderte inhaliert hat und als Erzähltechnik bevorzugt. Es ist wie Notenlesen; keiner käme auf die Idee, Noten neu zu erfinden, um mit ihnen erstaunlich unerhörte Musik zu machen.

· Erwarte doch bitte nicht von deinem Text, dich so zu begeistern wie jeder andere Roman, den du bisher gelesen hast. Hey, du warst schließlich hinter der Kamera! Du weißt, wie deine Heldin morgens aussieht und wie du es so hingedreht hast, dass sie später einfach fantastisch aussah. Du weißt zu viel über das Buch, um genau zu wissen, wo es spannend und wo es mehr so gähn ist. Lass es jemanden lesen, der dich mag (aber nicht liebt) und der dir rote Kringel an die Stellen malen kann, die durchhängen. Und grüne für die, die fantastisch sind. Wir loben uns gegenseitig zu wenig, das macht uns oft so zahm in der Schreibe, leider.

· Lass die Leute so reden, wie sie in echt auch reden, verwende keine Schriftsprache oder gar lineare Logik. Das ist öde. In echt reden die Leute so: Sie antworten nicht direkt auf Fragen, sondern stellen Gegenfragen, kommentieren etwas spöttisch, unterbrechen sich, reden Mist, beschweren sich ... Lass Dialoge bitte nicht so logisch sein, sondern mach sie unlogisch, das ist spannender.

· Verwende keine Wörter, die irgendwie irre toll und abwechslungsreich sind. Das ist eitel und eitel ist unspannend.

· Mach keine langen Sätze. Kurz ist besser.

· Hab keine Angst, den Text dreckig zu machen. Ja, verunreinige eine tragische Szene mit etwas Lächerlichem, mach aus etwas Lustigem etwas Brutales, mach aus Verführung Unterwerfung. Spannung ist, emotional dreidimensionale Szenerien zu bauen.

· Beharre nicht auf einer guten Idee, nur weil es eine gute Idee ist. Manchmal ist eine andere einfach besser, also schmeiß den Kram weg und mach's noch mal.

· Schau hin, nicht weg. Es stört dich was in deinem Roman? Okay, was? Sag schon, sei ehrlich! Öden dich die Figuren an? Die Idee? Das Setting, das Metathema, sag schon!

· Ja, dann ändere es! Du bist frei, vergiss das nicht.

· Ein Wort zum Alkohol: Manchmal hilft trinken. Meist und auf Dauer nicht.

Hans Peter Roentgen: Spannungsromane, darunter versteht man meist Krimi, Thriller, Abenteuer. Welche Bedeutung hat Spannung in anderen Genres oder in literarischen Romanen?

Nina George: Spannung ist unerlässlich für jede Erzählung, ob Genre, Format oder Nongenre. Der Wunsch, acht, neun Stunden mit einem Figurenensemble zu verbringen – so lange lesen die meisten an einem durchschnittlich langen Buch –, wird nur durch Spannung aufrechterhalten.

Manchmal handelt es sich dabei aber nicht um meine eingangs beschriebenen drei Grund-Spannungen – Handlung, Figur oder Idee –, sondern vielmehr um die Spannung, die im

Leser, der Leserin hergestellt wird. Das gelingt vor allem Romanen, die in Emotionsebenen erzählen, die an unsere Urängste und Urhoffnungen reichen. Sterben. Tod. Lieben. Geliebtwerden. Das Sein fühlen, den Sinn des eigenen Seins erkunden, den Platz in einer (bedrohlichen, unüberschaubaren) Welt finden. Das Echte erkennen.

Werden diese Emotionen angesprochen, entsteht die Spannung im Leser selbst: Wo findet er oder sie sich wieder? Welche Assoziationen wecke ich, wie intensiv sind diese?

Der Lesende »badet« dann in sich selbst, das Buch ist nur der Auslöser, quasi der Wasserhahn der Gefühle, Gedanken, Erinnerungen und Bilder.

Und damit wären wir bei Spannung Numero Vier:
Die emotionale Spannung.

Sie ist die »Unfassbarste«, weil sie mit den wenigsten Handwerkskniffen zu erreichen ist. Sie passiert in dem Komplex von Figur, Aktion, Sprache, Rhythmik, sinnlichen Assoziationen, Schlüsselwörtern und: Timing.

Es gibt Bücher, die liest du zu einem Moment in deinem Leben, und sie öffnen dich so dermaßen.

Aber wenn der Moment zu früh ist oder zu spät, dann greift diese emotionale Spannung nicht.

Hans Peter Roentgen: »Das Lavendelzimmer« ist eher ein ruhiger Roman, gleitet dahin wie der langsame Frachtkahn, auf dem es spielt. Trotzdem sagen Leser, dass es ein »Pageturner« sei. Was für eine Rolle spielt Tempo bei der Spannung?

Nina George: Beim Lavendelzimmer passiert im Prinzip sehr viel – etwa alle drei, vier Seiten –, aber hier ist es vor allem die psychogene Spannung der Figur – und die emotionale Spannung, die beim Lesenden entsteht. Ich führe durch einen bestimmten Prozess, den jeder von uns bereits einmal erlebt hat: Das Finden eines Menschen, der einem die Welt und das Leben aufschließt. Den Verlust dieses Menschen. Das Erfrorensein, das Unfähigsein, alleine Tritt zu fassen. Und dann – etwas zu wagen, ohne zu wissen, wohin es einen treibt.

Sterben, Tod, Verlust, Angst, Geliebtsein, Freundschaft, Kindheit, Träume, Licht, Hilflosigkeit, Ungerechtigkeit, Wagemut, all das sind Themen des »Lavendelzimmers«. Sie besitzen in sich unglaublich viel Spannung, auch wenn ich mir Zeit lasse, sie zu erzählen – in eben der Zeit, die sie verdient haben …

Hans Peter Roentgen: Welche Bedeutung hat eigentlich das Thema eines Romans für die Spannung?

Nina George: Wesentlich. Eine Idee kann so faszinierend sein, dass man sich durchs Buch quält, auch wenn es fad und langatmig komponiert ist. Der letzte Dan Brown gehörte dazu: Es war einfach zu interessant, zu erfahren, warum es nötig ist, die Menschheit zu dezimieren, um ihr Überleben zu retten.

Oder »Der Schwarm«, dessen Grundidee so wahnsinnig aufregend war, da haben die 150 Seiten Längen gar nicht gestört.

Aber manchmal kann ein Buch auch so spritzig, lebendig erzählt sein, dass es wurscht ist, ob es der siebenunddreißigste Perigordkrimi mit Folklore und Rezepten ist oder der hundertvierzigste Liebesroman mit irrer Heldin und schwulem bestem Friseur.

Doch der beste Winkel ist sicher: Unerhörte Idee plus spannende Schreibe, überraschende Wendungen, schnelle Handlungsschritte, Figuren mit hoher innerer Spannung plus hier und dort noch ein großes Gefühl.

Und das gilt für jedes Genre oder Non-Genre.

Eine Zeit lang hat David Safier das ungeheuer gut bedient, aber auch einige Jugendromane haben den Dreh raus, ich muss da doch noch mal die Tribute anführen.

Doch auch ruhiger oder anders erzählte Romane wie die von Jon Kalman Stefánsson zeigen auf, wie Spannung sein kann, welche Gewichtung der verschiedenen Sorten Spannungselementen man finden kann, um aus einer Geschichte eine große Erzählung zu machen.

Hans Peter Roentgen: Die Personen seien das Wichtigste in Geschichten, auch das ein oft gehörter Satz. Wie wichtig sind sie für die Spannung? Und vor allem: Kann eine andere Person in der gleichen Geschichte die Spannung erhöhen oder auch killen?

Nina George: Es gibt wenige Ausnahmen, bei denen die Figur zweitrangig ist – bei großen Endzeitthrillern etwa, wo Idee, Setting und Dramaturgie alles tragen und die Figuren uns wenig nah kommen. Muss dann aber auch nicht sein. Siehe dazu alle Dan-Brown-Thriller sowie Frank-Schätzing-Thriller.

Aber ansonsten sehe ich es so:

Figur ist alles. Menschen wollen über Menschen lesen, was diese erleben, denken, wie sie handeln, was sie erringen, ob sie auch so kindische, kleinliche Gedanken und Anfälligkeiten haben, ob sie auch diese großen, diffusen Sehnsüchte besitzen und wie sie mit der Welt zurechtkommen, egal ob mit einer von Elfen, von Terroristen oder von verheirateten Männern bevölkerten Welt.

Ich für mich wähle meist erst das Thema und entwickele erst danach die Personen dazu, das Ensemble. Jeder und jede bekommt dabei eine Aufgabe, eine Position, eine Entwicklung, einen Sinn im Ganzen. Ich stelle das Orchester zusammen, was insgesamt für einen bestimmten Sound sorgen soll.

Und diese Orchestrierung gilt m. E. für alle Romane, ob formattreuer Kriminalroman oder genrefreies Erzählexperiment. Jede Figur ist ein eigenes Universum, und zusammen ist das Personal ein weiteres, das die grundsätzliche »menschelnde« Spannung der Erzählung erschafft.

Man denke da z. B. auch an die Spannung, die allein aus Figuren und ihrem gespannten Verhältnis zueinander heraus entsteht, wie bei allen Screwball-Komödien oder allen »Ein seltsames Paar«-Adaptionen und anderen »Duos«, ob Lethal Weapon, Men in Black, Sherlock/Watson; aber auch Harry-Hermine-Ron oder Samantha-Charlotte-Carry-Miranda.

Hans Peter Roentgen: Da ich dich schon zu Personen nerve, hier die Frage zum Antagonisten, dem Bösewicht im klassischen Theater. Was für einen Einfluss hat der auf die Spannung und worauf sollte man achten, wenn man ihn erschafft?

Nina George: Du nervst nicht. Ich liebe es, über Figurenzeichnung zu reden, ich könnte es stundenlang. Herkunft, Name, sein Wollen und sein Brauchen, seine Aufgabe und seine Sehnsucht, seine Sexualität und sein Gebaren als Freund, seine Angst und seine ungekannten Stärken … Ich liebe Figurenbesprechungen.

Wie war die Fra- … ah, ja.

Ohne ihn geht es nicht.

Was man wissen sollte: Er kann auch als Schatten, als Zweifler, als Angst in der Hauptfigur stecken. Sozusagen die Kraft, die unsere Heldin, den Held, kleiner macht und die er erst überwinden muss, um sein Ziel zu erreichen. So im Entwicklungsroman, wo es oft keinen klassischen Gegenspieler gibt, außer so diffuse wie »die Gesellschaft«, die eine Frau unterdrückt, oder »die Erziehung«, die unsere Heldin einkäfigt, oder »die Kindheit«, die den Helden zu einem tendenziell deprimierten Pessimisten mit Arschlochgebaren hat werden lassen.

Ansonsten ist ein Gegenspieler und seine Henchmen, seine Adjutanten, so ungemein reizvoll, vor allem in Krimis, Fantasy, Erotika oder Gegenwartsdramen, siehe auch »Der Teufel trägt Prada«. Wundervolle Bösewichtin, ohne die die Story eher spannungsfrei geblieben wäre.

Und was wäre Sherlock Holmes ohne Moriarty, ein begehrter Mann ohne eine listige Rivalin, was wären die 101 Dalmatiner, Luke Skywalker oder Doktor Faustus ohne »die dunkle Seite der Macht«?

Erst der Antagonist eröffnet ihnen, besser zu sein, mutiger zu sein, sich zu entscheiden, sich wagemutig ins Leben zu werfen.

Oder, anders gesagt: Erst das Böse gebiert das Gute.

Und wenn es denn ein genialer Bösewicht oder –wichtin sein sollte, dann empfehle ich:
· Lass ihn oder sie auch ein bisschen sexy sein. Ambivalenz in der Figurenzeichnung ist spannend.
· Lass ihn oder sie eine menschelnde Schwäche haben, die aber möglichst nicht lächerlich in Kombination mit seinem Auftreten ist. Abba lieben etwa ist menschlich, könnte für Moriaty gut sein, für Darth Vader weniger.
· Nimm nicht immer gleich einen Kerl, versuch's mal mit einer Firmentyrannin oder einer Killerin.
· Lass ihn einen (zunächst, oder während des ganzen Romans bis zum Finale) unentdeckten Fiesling sein, nur vom Protagonisten erkannt und bekämpft. Grisham hat mit dem System viel Furore gemacht: David gegen einen bösen Goliath, den die ganze Welt für einen Engel hielt. Und »Der Fall Harry Quebert« wartet mit dem Dreh auf, dass – SPOILER SPOILER – der Bösewicht bis zuletzt vom Helden und von uns unerkannt ist und uns dennoch sympathisch. Sehr tricky, sehr spannungsreich.
· Manche Romane eignen sich nicht gut für die klassischen Bösewichter. Hier ist die Methode des »unschuldig schuldig«-Gewordenen eine Variante des Theater-Mephistos – die Figur ist aus bestimmten Umständen zum Unhold geworden oder benimmt sich so aus nachzuvollziehenden Hintergründen (Eifersucht, Verlustangst, wird erpresst)

Hans Peter Roentgen: Du gibst ja auch Kurse für Krimi-Autoren, zum Beispiel bei der Edition Oberkassel (http://www.eo-akademie.de/seminare-und-termine/). Was kann man in solchen Kursen bezüglich der Spannung lernen, was nicht?

Nina George: Ich gebe hauptsächlich Kurse für jede Sorte AutorIn zum Thema Figurenzeichnung, Figurenensembles und Figurenkabinette, außerdem den Renner »Erotische Szenen und Geschichten schreiben« (demnächst in Iserlohn / Franzosenhohl).
Bei mir lernt man Spannung, die aus der Persönlichkeit der Figuren und ihrer Lebenswege heraus entsteht.
Klassische Dramaturgie ist immer nur ein kleiner Teil der Workshops, sozusagen eine Auffrischung. Für Kriminalromane und deren besondere Anforderungen an Spannung empfehle ich die Kollegen Jaumann, Wagner, Eckert oder Conrad, außerdem Pistor und Eschbach, the Master of Suspense.

Hans Peter Roentgen: Herzlichen Dank für das Interview.

Nina George: Sehr gerne.

Nina Georges Homepage finden Sie unter: http://www.ninageorge.de/home.htm
Focus-Interview: Man braucht Jahre, um über Nacht den Durchbruch zu schaffen, http://www.focus.de/kultur/vermischtes/nina-george-nina-george-man-braucht-jahre-um-uebernacht-den-durchbruch-zu-schaffen_aid_1065252.html

Am wichtigsten ist, dass dem Leser die Figuren nicht egal sind (Ursula Poznanski)

Im Januar 2010 erschien Ursula Poznanskis erster Thriller »Erebos«. Innerhalb eines Jahres wurden 100.000 Exemplare verkauft. Die Wochenzeitung DIE ZEIT kürte es zum »Sommerthriller des Jahres«, und die Jugendjury zeichnete es mit dem Deutschen Jugendliteraturpreis aus. Übersetzungen ins Englische, Französische und fast alle anderen europäischen Sprachen folgten. Mit »Saeculum«, »Die Verratenen«, »Fünf«, und »Blinde Vögel« schrieb sie weitere erfolgreiche Thriller und Krimis.

Hans Peter Roentgen: Alle reden von »Spannung«, von »spannenden Romanen«. Aber was ist das eigentlich, diese Spannung im Roman?

Ursula Poznanski: Sie ist dieses gewisse Etwas, das es uns schwer oder im besten Fall sogar unmöglich macht, das Lesen zu unterbrechen. Das uns so sehr in die Geschichte hineinzieht, dass wir sie nicht aus dem Kopf bekommen, bis wir wissen, wie sie zu Ende geht.

Hans Peter Roentgen: Welche Bedeutung hat »Spannung« für dich, wenn du schreibst? Denkst du bewusst beim Schreiben daran? Prüfst du beim Korrigieren den Text auf Spannung? Oder verlässt du dich darauf, dass du es spürst, ob ein Text spannend ist oder nicht?

Ursula Poznanski: Ich verlasse mich tatsächlich auf mein Gefühl, umso mehr, weil es ja sehr schwierig ist, einen Text darauf zu »prüfen«, dessen sämtliche Hintergründe man kennt. Ich bilde mir ein zu spüren, wann es mir gelingt, Spannung zu erzeugen, was nicht heißt, dass ich mich nicht auch ab und zu irre.

Hans Peter Roentgen: Gibt es besondere Techniken, um die Spannung im Roman zu erhöhen? Wenn ja, welche wären das?

Ursula Poznanski: Am wichtigsten ist, glaube ich, dass dem Leser die Figuren nicht egal sind. Wenn man um das Glück, die Sicherheit oder gar das Leben einer (fiktiven) Person fürchten muss, die einem wirklich am Herzen liegt, entsteht Spannung fast von selbst.

Eine andere Art, Spannung zu erzeugen, besteht darin, die Geschichte in eine so ausweglose oder scheinbar unerklärliche Situation zu manövrieren, dass die Leser sich keine Auflösung mehr vorstellen können, die dem gerecht wird. Dann sollte man allerdings etwas wirklich Gutes und Durchdachtes im Ärmel haben.

Hans Peter Roentgen: Was sollte man tunlichst vermeiden, wenn man spannend schreiben möchte?

Ursula Poznanski: Langatmig sein, Nebensächlichkeiten auswalzen, die Dinge zu Tode erklären, mit Klischees um sich werfen, die eigenen Leser unterschätzen. Der letzte Punkt ist vielleicht der wichtigste. Wenn ich mich als Leser nicht für voll genommen fühle, weil der Autor mir jeden Bissen dreimal vorkaut, dann verliere ich das Interesse. Oder wenn ich den Eindruck bekomme, er ist allzu verliebt in seine eigene Schreibe.

Es ist ein bisschen so wie bei Gesprächspartnern: Manche können eine Geschichte auf das Essenzielle reduzieren und sie mit Witz, Charme und Intelligenz so erzählen, dass ich an ihren Lippen hänge. Andere töten die gleiche Geschichte durch überflüssige, weil uninteressante Details, Mangel an Humor und das Fehlen eines roten Fadens.

Hans Peter Roentgen: Spannungsromane, darunter versteht man meist Krimis, Thriller, Abenteuer. Welche Bedeutung hat Spannung in anderen Genres oder in literarischen Romanen?

Ursula Poznanski: Die gleiche, finde ich. Ein Roman, der die Geschichte einer Liebe oder einer Entwicklung zeigt, braucht ebenfalls etwas, das den Leser lockt und fesselt. Es muss keinesfalls immer um Leben und Tod gehen. Spannung hat meiner Meinung nach auch nur wenig mit Angst und Schrecken zu tun, sondern viel mehr mit Neugierde und Miterleben.

Hans Peter Roentgen: Du schreibst ja auch Jugendthriller. Gibt es da einen Unterschied bezüglich Spannung zum Erwachsenenroman? Baust du Plot oder Sprache im Jugendroman anders auf?

Ursula Poznanski: Die Unterschiede sind geringer, als man denken würde. Sprachlich arbeite ich im Erwachsenenthriller sicher ein wenig anders, und die Plots im Jugendroman haben – naheliegenderweise – jüngere Protagonisten, die die Welt anders wahrnehmen als Figuren, die wesentlich älter sind. Ich mute meinen erwachsenen Lesern sicher mehr zu, aber was den Spannungsaufbau und den Einsatz von spannungsfördernden Mitteln angeht, mache ich zwischen den beiden Bereichen keinen Unterschied.

Hans Peter Roentgen: Welche Bedeutung hat das Thema eines Romans für die Spannung?

Ursula Poznanski: In meinen Augen keine allzu entscheidende. In den richtigen Händen kann jedes Thema spannend werden, denke ich.

Hans Peter Roentgen: Die Personen seien das Wichtigste in Geschichten, auch das ein oft gehörter Satz. Wie wichtig sind sie für die Spannung? Und vor allem: Kann eine andere Person in der gleichen Geschichte die Spannung erhöhen oder auch killen?

Ursula Poznanski: Die Personen sind insofern entscheidend, als sie möglichst ideale Identifikationsfiguren sein sollten. Natürlich kann man da als Autor danebengreifen. Meiner Meinung nach ist es auch sehr stark Gefühlssache. Ich persönlich habe noch nie eine Figur auf dem Reißbrett entwickelt, sondern lege nur ein paar Eckpunkte fest, dann schaue ich, wie sie sich entwickelt. Was sie von sich zeigt. Erfreulicherweise gibt es da nur ganz selten Fehlbesetzungen, und das spürt man dann ziemlich schnell.

Hans Peter Roentgen: Da ich dich schon zu Personen nerve, hier die Frage zum Antagonisten, dem Bösewicht im klassischen Theater. Was für einen Einfluss hat der auf die Spannung und worauf sollte man achten, wenn man ihn erschafft?

Ursula Poznanski: Er sollte kein reiner Zweckerfüller sein, sondern ein Mensch mit Ecken und Kanten und ein paar positiven Seiten. Antagonist ist ja nicht gleichbedeutend mit Bösewicht, sondern er ist einfach der Gegenspieler. Im üblichen Setting ist er dann meistens böse, aber es gibt auch wunderbare Gegenbeispiele – Romane, die aus der Sicht eines charismatischen Mörders erzählt werden. Da drückt man dem »guten« Kommissar nicht die Daumen. Alles eine Frage der Perspektive, nicht der objektiven Tatsachen.

Hans Peter Roentgen: Herzlichen Dank für das Interview.

Ursula Poznanskis Homepage finden Sie unter: www.ursulapoznanski.de/

VII. Nachwort

Sie sind mir durch eine Vielzahl unterschiedlicher Texte gefolgt, haben gelesen, was erfolgreiche Autoren zur Spannung ausgeführt haben, und ich hoffe, dass es Ihnen nicht nur weitergeholfen, sondern auch Spaß gemacht hat.

Schreiben hat seine ganz eigene Spannung. Manchmal verzweifelt die Autorin darüber, der Autor starrt das weiße Blatt an und beide schwören sich: Nie wieder schreiben!

Doch später tippen sie wieder Texte in ihre Computer und stellen fest, dass das nicht nur zur schwärzesten Verzweiflung führen kann, sondern ebenso zum größten Glück. Und manchmal ist es sogar besser als Sex.

So hoffe ich, dass dieses Buch Sie beim Schreiben befeuert, Ihnen einige Fragen beantwortet und vor allem: dass es Ihnen Mut zum Schreiben macht.

Und dass es mich überflüssig macht. Denn das Ziel jedes guten Lehrers ist es, dass seine Schüler selbstständig werden, dass sie ihren eigenen Weg finden und ihre eigene Stimme entwickeln. Ich wünsche mir, dass Sie Ihr eigenes, spannendes Werk vollbringen und dass sich die Verlage darum prügeln mögen, erst recht natürlich die Leser.

Wenn Sie an dem Buch etwas zu meckern haben, sagen Sie es mir, wenn es Ihnen gefallen hat, sagen Sie es anderen oder schreiben Sie eine Rezension.

In diesem Sinne verabschiede ich mich jetzt.

Ihr Hans Peter Roentgen

Anhang

Alphabetisches Verzeichnis der Textbeispiele

Unveröffentlichte Texte:

2026 – Das Testament des Senators
Das Haus
Dunkelheit
Feuerdämon
Hetzjagd
Lucca und Sophie
Menschen
Rebellen
Regenzeitversuchung
Spuckattacke

Aus veröffentlichten Büchern:

Der siebte Tag, Nika Lubitsch
Hiobs Brüder, Rebecca Gablé
Rauklands Sohn, Jordis Lank
Wenn es dämmert, Zoë Beck

Lexikon der Fachbegriffe

Hier erkläre ich die wichtigsten Fachbegriffe, die ich im Buch verwendet habe.

Allwissender Erzähler → auktoriale Perspektive

Angst des Autors vor dem Stoff

Geschichten können bedrohlich sein. Auch für die Autoren. Manch ein Autor ist seiner Geschichte schon ausgewichen. Und hat deshalb die Spannung gekillt. Weichen Sie Ihrer Geschichte nie aus. Fassen Sie sich ein Herz und trotzen Sie ihrer Angst. Schreiben Sie Ihre Geschichte, auch wenn sie noch so bedrohlich ist. Gerade wenn sie bedrohlich ist.

Antagonist

In Geschichten gibt es einen Protagonisten (den Helden, die Hauptperson) und einen Antagonisten (den Gegenspieler, den Bösewicht). Der Protagonist ist die Figur, um die es in der Geschichte geht, die etwas erreichen, manchmal auch etwas verhindern will und dafür ein Motiv hat.

Der Gegenspieler hat den entgegengesetzten Wunsch. Er will die Pläne des Protagonisten durchkreuzen. Der Kommissar (Protagonist) will einen Mord aufklären, der Mörder (Antagonist) will genau das verhindern. Romeo will seine Julia gewinnen, die Eltern und Familien wollen genau das nicht. Daraus folgt der zentrale Konflikt der Geschichte.

Nicht jeder Antagonist ist menschlich. Wenn der Protagonist den Mount Everest barfuß bezwingen will, ist der Berg der Antagonist. Und er hat eine Menge Mittel, um dem Protagonisten die Suppe zu versalzen. Schneebretter, scharfe Eiskanten, Stürme, Temperaturstürze, dünne Luft …

Aus diesem Kampf zwischen Protagonist und Antagonist entwickelt sich der Konflikt und daraus die Geschichte.

Auktoriale Perspektive (allwissender Erzähler)

Eine Perspektive, die nicht einer der Figuren folgt (personale Perspektive), sondern über allem schwebt, alles weiß (deshalb auch »allwissender Erzähler« genannt). In einem Roman mit auktorialer Perspektive kann ein Autor alles erzählen. Er kann erzählen, was der Held plant und was der Bösewicht; er kann Landschaften beschreiben und erzählen, was hundert Kilometer entfernt passiert. In der personalen Perspektive kann nur erzählt werden, was die Figur weiß, sieht, hört, durch die der Leser die Geschichte erlebt. Romane des neunzehnten Jahrhunderts haben oft die auktoriale Perspektive verwendet.

Auch in der auktorialen Perspektive kann der Autor die Gedanken seiner Figuren schildern – und zwar die aller Figuren.

Auch wenn der auktoriale Autor alles weiß, sollte er tunlichst nicht alles dem Leser erzählen (Infodump).

Autorenvita

Eine Autorenvita umfasst alle Informationen über einen Autor, die für das Schreiben relevant sind. Dazu gehören Fachkenntnisse und Erfahrungen bezüglich des behandelten Themas, der behandelten Zeit oder des Ortes, Literaturpreise, Veröffentlichungen (aber keine, für die der Autor gezahlt hat!).

Die Autorenvita dient der Bewerbung bei einem Verlag oder Literaturagenten. Diese wollen wissen, ob sie weitere Bücher der Autorin erwarten können, vor allem aber, ob man die Autorin der Presse so vorstellen kann, dass diese interessiert ist.

Bauchschreiber

Bauchschreiber nennt man Autoren, die nicht mit der Planung des Plots beginnen, sondern einfach losschreiben. Sie haben meist ein vages Ziel im Kopf, aber die Planung erfolgt während des Schreibens. George Simenon und Stephen King sind wohl die berühmtesten Bauchschreiber. Das Gegenteil sind die Kopfschreiber, die vorab ihren Plot und im Extremfall sogar die Szenenfolge planen. Natürlich gibt es jede Menge Zwischenformen, und natürlich sollte jeder Nachwuchsautor beide Varianten ernsthaft prüfen, um festzustellen, zu welcher Gruppe er gehört und wie er am produktivsten arbeiten kann.

Braiden (Verknüpfen)

Wenn mehrere Handlungsstränge in einem Roman verknüpft werden, spricht man von braiden oder verknüpfen von Handlungssträngen. Der Detektiv löst einerseits einen Mordfall, hat aber andererseits eine unglückliche Beziehung.

Beides hat zunächst nichts miteinander zu tun. Wird beides im gleichen Roman geschildert, so werden diese beiden Geschichten miteinander verknüpft. Ein alter lettischer Jude erzählt seine Geschichte aus dem Zweiten Weltkrieg, und gleichzeitig erzählt ein junger Österreicher, Sohn eines einflussreichen Politikers heute, eine andere (»Vaterspiel«). Beide Geschichten laufen nebeneinander her und erst ganz am Schluss finden sie zusammen.

Bösewicht → Antagonist

Cliffhanger

Ein Cliffhanger bricht eine Geschichte genau an der spannendsten Stelle ab, führt sie also nicht bis zum Schluss weiter. Der Held flieht im Auto, eine scharfe Kurve, das Auto durchbricht die Leitplanke. Schnitt. Der Leser weiß nicht, wie die Szene endet. Wird er in die Schlucht stürzen? Kann er sich retten? Ein Cliffhanger bricht immer vor dem Ende einer Szene ab, bevor der Leser weiß, wie es ausgeht.

Der Begriff »Cliffhanger« stammt von den alten Fortsetzungsfilmen, in denen es sehr beliebt war, den Helden über dem Abgrund baumelnd hängen zu lassen und dann »Fortsetzung folgt nächste Woche in diesem Kino« einzublenden.

Cliffhanger werden heute gerne zusammen mit wechselnder Perspektive benutzt. Nachdem das Auto des Detektivs die Leitplanke durchbricht, wechselt der Roman in die Perspektive einer anderen Figur, einer anderen Szene. Vielleicht in die der Freundin, die sich überlegt, ob sie sich von dem Detektiv trennen soll. Und plötzlich fliegt die Tür auf und ein Mann mit Pistole stürmt in die Wohnung.

Dialog

Dialog ist das Gespräch mehrerer Figuren. Dialoge sind nicht dazu da, dem Leser nur Informationen zu vermitteln. Gute Dialoge enthalten Konflikte, sie zeigen zwei oder mehr Menschen mit unterschiedlichen Zielen und Motiven (Drehbuch einer Figur). Oft wird das, was wichtig ist, nicht gesagt, sondern nur angedeutet, steht zwischen den Zeilen.

Die Dosis macht das Gift

Stil- und Erzählungselemente sollten nie zu häufig verwendet werden. Wer jeden Satz mit »Aber« beginnt, nervt seine Leser. Das heißt natürlich nicht, dass nicht hin und wieder ein Satz mit »Aber« beginnen kann. Was die richtige Dosis ist, lässt sich oft nur durch Erfahrung, durch Gefühl feststellen. Anfänger überdosieren oft Adjektive, neigen dazu, zu viel zu erklären. Die richtige Dosis seiner erzählerischen Mittel zu kennen, macht einen guten Autor aus.

Distanz → Kameraeinstellung

Drehbuch der Figuren

Jede Figur in einem Roman will etwas, hat einen Wunsch, möchte etwas erreichen (Ziel). Bei Nebenfiguren ist dieser Wunsch nicht so wichtig, bei Hauptfiguren sollte er dem Autor unbedingt bewusst werden. Denn entsprechend ihrer Ziele agieren Figuren. Das nennt man das Drehbuch einer Figur. Der Detektiv will den Mörder fangen. Der Mörder will nicht über-

führt werden. Romeo will seine Julia gewinnen. Kapitän Ahab will sich an dem weißen Wal rächen.
Treffen zwei Figuren mit unterschiedlichem Drehbuch zusammen, kommt es deshalb zum Konflikt. Wer das Drehbuch seiner Figuren gut kennt, kann daraus die Szenen und den Plot seiner Geschichte entwickeln.

Drei-Akt-Modell

Schon Aristoteles fiel auf, dass Dramen einen Anfang, ein Ende und einen Mittelteil haben, der vom Anfang zum Ende führt. Dieses Drei-Akt-Modell wurde von Syd Field und anderen an zahlreichen Dramen und Filmen untersucht. Auch klassische Theaterstücke richten sich meist danach.

Der erste Akt führt Held und Bösewicht ein und gibt das Setting vor. Dann kommt ein Plotpoint, Plotpoint I, der die Geschichte endgültig in Gang setzt. Akt 2 schildert die Auseinandersetzung, die Hindernisse, die dem Helden begegnen, ob er sie löst oder ob er scheitert. Am Ende des zweiten Aktes gibt es den Plotpoint II, der das Ende einleitet. Akt III führt zur Auflösung des Konflikts: Der Held gewinnt den Showdown, scheitert oder gibt eine Lösung, die keinen eindeutigen Gewinner zeigt.

Üblicherweise umfasst der erste Akt ein Viertel des Textes, der Zweite die Hälfte, der Dritte das letzte Viertel, aber das ist eine Faustregel, die je nach Geschichte sich auch ändern kann.

Im zweiten Akt gibt es etwa auf der Hälfte einen Midpoint, der entscheidenden Einfluss auf die Geschichte hat.

Vor dem Showdown steht oft ein Ereignis, das das schlimmstmöglich vorstellbare ist.

Für die Entwicklung eines Romans nach dem Drei-Akt-Modell eignet sich die Schneeflocken-Methode.

Dystopie

Eine Dystopie ist ein Roman, der in einer zusammenbrechenden Gesellschaft spielt, üblicherweise in der Zukunft. Dystopien sind ein Subgenre der Fantasy & Science-Fiction.

Bekannte Dystopien sind Orwells »1984« und »Die Tribute von Panem«. Dystopien fragen sich, wie die aktuelle Gesellschaft aussehen könnte, wenn sie ins Negative abrutscht. »1984« verlängerte den Faschismus und Stalinismus ins Jahr 1984 und entwarf ein Zukunftsmodell, in dem »der große Bruder« als Diktator alles kontrolliert und Liebe ein unanständiges Wort ist.

E-Literatur

Abkürzung für »ernste Literatur«. Damit sind literarische Werke im Unterschied zur Unterhaltungs- oder Genreliteratur gemein. Früher galt die ernste Literatur als wertvoller, über Unterhaltung rümpften Bildungsbürger die Nase, und das Feuilleton bezeichnete sie vor fünfzig Jahren gar als »Schmutz und Schund«. Das hat sich heute geändert, theoretisch vertritt keiner mehr diese Ansicht. In der Praxis existiert sie aber vielfach in den Köpfen weiter.

Erzählstimme

Jede Geschichte wird auf eine eigene Art erzählt, mit eigenem Stil, Wortwahl und Tempo. Das ist die Erzählstimme. Abgebrüht in Krimis mit einem hardboiled Detektiv, lyrisch in einer Liebesgeschichte, kindlich-neugierig in einem Kinderbuch ...
    Die Stimme, die die Geschichte erzählt, nennt man die Erzählstimme.

Exposé

Ein Exposé fasst einen Roman zusammen, üblicherweise auf 1-3 Normseiten. Wer ist der Protagonist, welche Probleme hat er, was setzt die Geschichte in Gang, zu welchem Höhepunkt gelangt sie, und wie sieht das Ende aus? Daneben gibt es das Kurzexposé, das eher einem Klappentext entspricht. Eine ausführliche Darstellung von Exposé, Klappentext, Prämisse und vielem anderen finden Sie in meinem Buch »Drei Seiten für ein Exposé«.

Anmerkung: Manche Autoren bezeichnen auch alles, was man Verlage oder Agenturen schickt (Vita, Anschreiben, Hintergrund, Handlungsbeschreibung) als Exposé.

Flashback (Rückblende)

Ein Flashback (Rückblende) ist ein Zeitsprung in die Vergangenheit. Der Autor verlässt die aktuelle Zeitebene der Geschichte, um etwas zu erzählen, das lange zuvor passiert ist. Dementsprechend sollte das, was in dem Flashback erzählt wird, auch für die Geschichte wichtig sein. Wenn der Held allergisch auf Autoritäten reagiert, erfahren wir in einem Flashback, welche Erlebnisse in seiner Kindheit dazu geführt haben.

Genre

Bücher werden in Genres unterteilt, damit der Buchhändler weiß, in welches Regal er das Buch stellen muss. Das Genre legt fest, welche Leser sich für den Roman interessieren könnten, also alle, die potenzielle Leser des Genres sind. Krimi, Thriller, Science-Fiction (SF), Fantasy, Kinderbuch, Liebesroman und historischer Roman (HR) sind einige der Genres. Literarische Bücher werden oft nicht als Genre gezählt oder finden sich unter dem Oberbegriff »zeitgenössischer Roman« oder E-Literatur wieder.

Gestaltwandler → Trickster

Held → Protagonist

Hintergrund

Der Hintergrund (auch Setting genannt) ist der Ort und die Zeit, in der sich die Geschichte abspielt. Idealerweise ist der

Hintergrund mit der Geschichte so verwoben, dass sie nur zu dieser Zeit und an diesem Ort spielen kann.

Hook

Ein Hook (Haken) ist ein Köder, der den Leser in die Geschichte ziehen soll. Das kann ein Mord sein, aber auch ein ungewöhnlicher Satz wie:»Glückliche Familien sind alle gleich; jede unglückliche Familie ist auf ihre eigene Weise unglücklich« (Tolstoi). Wichtig: Ein Hook sollte die Neugier wecken, den Leser reizen, weiterzulesen, um mehr zu erfahren.

Ich-Erzähler

Der Ich-Erzähler ist ein personaler Erzähler, der in der Ich-Form erzählt:»Ich habe Big Jim umgebracht«,»Call me Ishmael«. Daneben gibt es die personale Perspektive dritte Person und den auktorialen Erzähler.

Indirekte Rede

Indirekte Rede lässt den Sprecher nicht direkt sprechen, sondern indirekt. Beispiel: Er sagte, er würde morgen kommen.

Üblicherweise wird der Konjunktiv verwendet, in Romanen und Umgangssprache aber manchmal auch der Indikativ: Er sagte, er wird morgen kommen.

Die direkte Rede lässt den Sprecher selbst zu Wort kommen: Er sagte:»Ich werde morgen kommen.«

Infodump

Infodump ist eine Textstelle, in der Informationen geballt vermittelt werden. Eine Textstelle, die sich wie ein Lexikoneintrag liest. Infodumps enthalten typischerweise keine Handlung, dafür aber weit mehr Informationen, als der Leser benötigt.

Innerer Zensor

Der innere Zensor erinnert den Autor ständig daran, dass seine Texte nicht perfekt sind. Auch erfolgreiche Bestsellerautoren kennen diese Bürokratenseele, die einen Autor in schwärzeste

Nacht stürzen kann. Aber er ist auch derjenige, der Autoren antreibt, ihr Bestes zu geben. Wenn er die Herrschaft ergreift, droht eine Schreibblockade. Aber keine Angst: Man kann den inneren Zensor in Urlaub schicken, solange der Text geschrieben, aber noch nicht überarbeitet wird.

Kameraeinstellung

In Filmen gibt es eine Kameraeinstellung, die die Distanz festlegt. Die Totale (Rundumblick), die Halbtotale, Nahaufnahme. Auch in Romanen beschreibt ein Autor seine Szene aus verschiedenen Blickwinkeln. Die Totale, die den Gesamtüberblick bietet, aber nichts besonders hervorhebt. Die Nahaufnahme, in der wir nur ein Detail sehen (zum Beispiel eine Pistole). Die Kameraeinstellung bestimmt die Distanz, nicht aber die Perspektive einer Geschichte.

Kitsch

Was Kitsch ist, darüber haben Generationen von Autoren und Literaturwissenschaftlern gestritten. Trotzdem hier ein Versuch der Definition: Kitsch behauptet Gefühle, zeigt sie aber nicht. Die Gefühle sind unecht, sind politisch korrekt, aber unglaubwürdig. Sie passen nicht zu den Figuren, sondern werden diesen vom Autor »angedichtet«. Oft tritt der Kitsch auf, wenn Autoren ihrer Geschichte und ihren Figuren aus dem Weg gehen.

Klischee

Klischee ist 08/15. Das, was wir vermuten, was jeder denkt, das, was »üblich« ist. Der Journalist, der vor nichts Ehrfurcht hat. Die Hure mit dem goldenen Herzen. Der Puritaner, der heimlich Pornos liest. Der bestechliche Politiker. Der gierige Banker.

Ein einfaches Mittel gibt es, um Klischees zu vermeiden. Überlegen Sie, was Ihre Figuren üblicherweise an einer bestimmten Stelle tun würden. Dann lassen Sie sie das Gegenteil tun.

Konflikt

Konflikte treiben Ihren Roman voran, führen dazu, dass Leser weiterlesen, weil sie wissen wollen, wie der Konflikt gelöst wird. Der zentrale Konflikt spielt sich zwischen Protagonist und Antagonist ab, die gegensätzliche Ziele verfolgen. »Konflikt ist ein Knochen und zwei Hunde« (Hitchcock).

Kopfschreiber

Kopfschreiber nennt man Autoren, die mit der Planung des Plots beginnen, statt sofort loszuschreiben. Sie planen die gesamte Szenenfolge, bevor sie auch nur eine einzige Szene schreiben. Das Gegenteil sind die Bauchschreiber, die wenig vorausplanen, sondern auf ein vages Ziel hin schreiben.

Natürlich gibt es jede Menge Zwischenformen und natürlich sollte jeder Nachwuchsautor beide Varianten ernsthaft prüfen, um festzustellen, zu welcher Gruppe er gehört und wie er am produktivsten arbeiten kann.

Kunstfreiheit

In Deutschland gilt Kunst- und Meinungsfreiheit. Wer Diktaturen in anderen Ländern oder die deutsche Vergangenheit kennt, der weiß das zu schätzen. Aber wie jedes Recht hat auch die Kunstfreiheit ihre Grenzen. Verboten ist der Aufruf zu Gewalt, zu Rassenhass und zu Straftaten.

Der häufigste Grund, warum Bücher vor Gericht landen, ist aber das Persönlichkeitsrecht. Jeder Bürger hat das Recht auf Privatsphäre, und auch ein Autor darf das nicht verletzen. Wer die Nacktfotos seiner Ex im Internet zur Schau stellt, darf sich nicht wundern, wenn er vor dem Kadi landet. Dabei spielt es keine Rolle, ob die Fotos Kunst oder einfache Schnappschüsse sind. Gleiches gilt auch für Bücher. Wer in seinem Buch die Erlebnisse mit seiner Exfreundin schildert und das so schreibt, dass jeder sie erkennen kann, darf sich nicht wundern, wenn er verurteilt wird.

Aber es ist leicht, dem auszuweichen. Verwenden Sie einen anderen Wohnsitz, ändern Sie Alter und Aussehen, die Lebensgeschichte, die Schule, den Beruf. Es gibt viele Möglichkeiten, über eine Beziehung zu schreiben, ohne gleich die Intimsphäre der Exgeliebten aufzudecken.

Kurzexposé

Ein Kurzexposé unterscheidet sich vom normalen Exposé dadurch, dass es eher einem Klappentext ähnelt, nicht mehr als ein bis drei Absätze (etwa 400-800 Anschläge) umfasst und meist nur den Ausgangspunkt der Geschichte schildert, nicht aber das Ende. Hier sollte nur das zu finden sein, was das Besondere an der Geschichte ist.

Log-Liner

Ein nüchterner Pitch, der eine Geschichte zusammenfasst, weniger aufreißerisch als der klassische Pitch.

Midpoint

Im Drei-Akt-Modell ist der Midpoint die Szene in der Mitte des zweiten Aktes, die eine zentrale Rolle für den Fortgang der Geschichte hat. Diese Szene kann der entscheidende Punkt sein, der im Krimi die Ermittlungen auf die richtige Spur setzt, es kann die Szene sein, in der die Liebenden zum ersten Mal miteinander schlafen, es kann der Punkt sein, an dem der Held endlich seine zögerliche Haltung aufgibt, etwas dazulernt, Neues ausprobiert. Es gibt keine feste Regel, was am Midpoint passiert.

Aber wichtig ist: Der Midpoint ist eine Szene, die im Gedächtnis bleibt. Der erste Teil des zweiten Aktes läuft auf diese Szene zu und bereitet sie vor. Aber der Leser erkennt diese Bedeutung erst nach dem Midpoint – und der Held auch.

Motiv

Jede Figur in Ihrem Text sollte ein Motiv haben, etwas, das sie antreibt. Dieses Motiv ist vor allem für den Protagonisten und den Antagonisten wichtig.

Multipersonale Perspektive

Eine personale Perspektive, die von Szene zu Szene wechselt. In einer Szene erlebt der Leser die Ereignisse aus der Sicht von Person X, in der nächsten aus der von Person Y. Personale Perspektiven können zwei verschiedenen Personen in der Geschichte folgen, z. B. Protagonist und Antagonist, sie können aber auch einer Vielzahl von Perspektivfiguren folgen. George R. R. Martin hat in seinem Epos »A Song of Ice and Fire« (Game of Thrones) eine Vielzahl wechselnder Perspektiven verwendet.

Narratives Erzählen

Narratives Erzählen ist das Gegenteil von szenischem Erzählen, es enthält keine Szenen und Dialoge. In Romanen wird meist szenisch erzählt, dennoch hat so gut wie jeder Roman auch narrative Erzählelemente. Unwichtige Ereignisse, Nebenhandlungen müssen nicht zu Szenen ausgewalzt werden, sonst werden sie langatmig, lenken den Leser ab und langweilen ihn.

»Er holte Zigaretten«, ist völlig ausreichend, da muss nicht erzählt werden, welche Farbe der Automat hat, wie der Held das Geldstück einwirft und welche Marke er wählt.

Aber auch narratives Erzählen sollte möglichst anschaulich sein. Denn hier gilt ebenfalls der Satz: »Show, don't tell.«

Nebenplot

Nebenplots (Nebenstränge) sind alle Plots, Geschichten, die nicht zum Hauptplot der Geschichte gehören. Dass der Nachbar eine kranke Frau hat, bei der unklar ist, ob sie Krebs hat. Die Liebesgeschichte der Köchin. Nebenplots sind nicht so wichtig, sollten aber nicht willkürlich eingeführt werden und nicht irgendwo unabgeschlossen liegen bleiben.

Normseite

Aus den Zeiten der Schreibmaschine stammt die Normseite. Sie hilft Verlagen und Autoren, den Umfang einer Geschichte abzuschätzen.

Eine Normseite hat dreißig Zeilen – Zeilenabstand 1,5 oder 2 – mit maximal sechzig Anschlägen pro Zeile. Maximal umfasst eine Normseite 1.800 Anschläge (inklusive Leerzeichen), in der Praxis sind es meist 1.500-1.600 Anschläge. Als Schrifttype dient eine Schrift mit fester Zeichenlänge, in der alle Zeichen gleich viel Platz auf dem Papier einnehmen. Standardschrift für Normseiten ist Courier 12 Punkt.

Da bei einer Normseite reichlich Platz zwischen den Zeilen ist, eignet sie sich gut, um Korrekturen und Kommentare einzufügen. Das ist der Grund dafür, dass sie sich auch im Computerzeitalter immer noch großer Beliebtheit in Verlagen erfreut.

One-Liner

Ein Pitch, der nur aus einer Zeile besteht. Wird aber oft synonym für Pitch benutzt.

Persönlichkeitsrecht → Kunstfreiheit

Personale Perspektive (personaler Erzähler)

In der personalen Perspektive erlebt der Leser die Geschichte durch eine Person. Er sieht, was diese Person sieht; weiß, was sie denkt; hört, was sie hört. Aber er erfährt nicht die Gedanken anderer Personen, sieht nichts, was die gewählte Person nicht sehen kann. Die personale Perspektive ist heute die mit Abstand beliebteste Perspektive in Romanen. Oft wird sie von Kapitel zu Kapitel variiert: In einem Kapitel erleben wir die

Geschichte aus der Sicht der einen Figur, im nächsten aus der einer anderen (multipersonale Perspektive).
Meist beschränken sich Autoren dabei auf wenige (ca. 2-7) Perspektiven. Es gibt aber auch Romane mit weit mehr Perspektiven (»A song of Ice and Fire«, George R. R. Martin).
Wird die Geschichte in der ersten Person erzählt – »Ich hörte einen Schuss und rannte los« –, spricht man von der Ich-Perspektive. Wird sie in der dritten Person erzählt, nennt man das die personale Perspektive in der dritten Person: »Er hörte einen Schuss und rannte los.«

Perspektive

Die Perspektive legt fest, aus welcher Sicht erzählt wird. Das kann aus der Sicht einer Figur sein (personale Perspektive) oder aus der Sicht eines allwissenden Erzählers, der sämtliche Ereignisse rund um die Geschichte kennt und je nach Wunsch berichten kann. Die Perspektive ist nicht identisch mit der Kameraeinstellung, die die Distanz zu den Geschehnissen und Personen festlegt.

Pitch

Eine kurze Schilderung einer Geschichte in einem, maximal drei Sätzen. Sinn des Pitchs ist es nicht, die Geschichte vollständig zu charakterisieren, sondern ein Gefühl dafür zu geben, worum es geht. Der Pitch dient vor allem dazu, Appetit zu machen, soll den Gegenüber neugierig auf die Geschichte machen.
Bekannt ist er auch als »Fahrstuhl-« oder »Elevator-Pitch«. Sie treffen im Fahrstuhl einen Verleger und haben genau eine Minute Zeit ihm ihr Manuskript vorzustellen.

Plagiat

Ein Plagiat ist eine Kopie einer Geschichte, ein Text, den der Autor als eigenen ausgibt, den aber jemand anders geschrieben hat. Plagiate können eine vollständige Kopie sein – in diesem

Fall lassen sie sich leicht nachweisen – oder Figuren, Szenen, Plots aus anderen Geschichten kopieren.
Wer in seinem Roman Donald Duck auftreten lässt, plagiiert, auch wenn er eine eigene Handlung dazu erfindet. Personen aus Romanen sind gesetzlich geschützt, ebenso wie Formulierungen. Ideen selbst können aber nicht durch das Urheberrecht (Copyright) geschützt werden.
Je mehr sich ein Autor nur von einer Geschichte »inspirieren« lässt, desto weniger handelt es sich um ein Plagiat im juristischen Sinne.
Viele angebliche »Plagiate« sind keine Kopien im herkömmlichen Sinne. Bestimmte Geschichtsideen werden immer wieder verwendet, ohne dass die Autoren deshalb voneinander abschreiben.

Plot

Der Plot ist die Handlung einer Geschichte. Er erzählt, wo sie beginnt, wie sie fortgeführt wird und zu welchem Ende sie führt.

Plotpoints

Plotpoints sind Wendepunkte einer Geschichte, an denen sich die Richtung ändert, die Geschichte eine Wendung nimmt. Sie heißen deshalb auch Twists. In Filmen, aber auch den meisten Romanen gibt es zwei besonders ausgezeichnete Plotpoints (beschrieben von Syd Field).
Plotpoint I ist der Punkt, ab dem die Geschichte richtig losgeht. Der Held lebt mit seiner Familie im Reihenhaus, wir erleben sein tägliches Einerlei. Dann wird sein Bruder ermordet, und er will den Mord aufklären. Ab diesem Punkt verlässt die Geschichte das alltägliche Einerlei und nimmt ihren Lauf.
Plotpoint II st der Wendepunkt, der die Geschichte auf das Ende hin wendet. Der Detektiv hat das entscheidende Detail

gefunden, das Indiz, das den Mord in einem völlig neuen Licht erscheinen lässt. Jetzt läuft alles auf die Aufklärung zu.

Point of no Return

Der Point of no Return ist der Punkt in Ihrem Roman, ab dem es kein Zurück mehr gibt. Wenn Macbeth den König ermordet, dann kann er nicht mehr zurück, dann nimmt die Geschichte ihren Lauf. Wenn die Polizei den Mord entdeckt, muss sie ihn aufklären. Wenn die Nazgul im »Herrn der Ringe« nach Frodo suchen, muss er das sichere Dorf verlassen und seine Reise antreten, um den Ring zu vernichten.

Prämisse

Häufig wird der Begriff »Prämisse« im Sinne von Pitch benutzt.

Prämisse nach Egri/Frey

Eine Prämisse im Sinne von Egri oder Frey schildert die Geschichte in einem Satz, der Anfang und Ende zusammenfasst und der vom Roman zu beweisen ist. »Unerlaubte Liebe führt zum Tod« wäre die Prämisse für Romeo und Julia.

Prolog

Ein Prolog ist eine Szene oder kurzer Text, der der Geschichte vorangestellt ist. Meist spielt er lange vor dem Beginn, aber erzählt etwas, das für das Verständnis nötig ist. Oft wird die Bedeutung dessen, was im Prolog erzählt wird, erst im Laufe der Geschichte klar.

Zeitweilig galten Prologe bei Verlagen als absolutes ‚No-Go'. Mittlerweile sind sie in manchen Genres (Fantasy, historischer Roman) zu üblichen Erzählmitteln geworden.

Protagonist

Der Protagonist (Held, Hauptfigur) ist die Person, deren Geschichte erzählt wird. Sie treibt die Handlung voran, in dem sie etwas erreichen möchte, einen Wunsch hat oder auch nur

verhindern möchte, dass etwas passiert. Aus dem Charakter des Protagonisten ergibt sich, wie er auf Ereignisse reagiert, was er tut oder nicht tut, wie er seine Wünsche durchzusetzen versucht. Don Quichotte will ein Ritter aus einem Ritterroman werden, setzt sich einen Blechnapf auf, sattelt einen alten Klepper und reitet aus, um Abenteuer zu erleben. Kapitän Ahab segelt mit seinem Schiff um die halbe Welt, um sich an dem weißen Wal Moby Dick zu rächen.
Der Protagonist hat einen Gegenspieler, den Antagonisten, der gegensätzliche Ziele verfolgt. Er will verhindern, dass der Protagonist seine Ziele erreicht. Der Detektiv (Protagonist) will den Mord aufklären, der Mörder (Antagonist) will genau das verhindern.

Rätsel

Rätsel, ungelöste Fragen treiben einen Roman voran, bringen Spannung, zwingen die Leser, weiterzulesen. Menschen lieben Rätsel, wollen sie lösen. Deshalb arbeiten Romane mit Rätseln, mit offenen Fragen. Im Fernsehkrimi wollen die Zuschauer wissen, wer der Täter war, im Liebesroman, ob Romeo und Julia trotz aller Widrigkeiten zusammenkommen. Jeder Autor sollte darauf achten, nicht alles zu erklären, sondern den Leser rätseln zu lassen.

Red Herring

Der Red Herring ist eine falsche Fährte, ein Ablenkungsmanöver. Er soll den Leser über den vermuteten Fortgang der Geschichte täuschen, zum Beispiel im Kriminalroman den Verdacht auf einen Unschuldigen lenken.

Rückblende → Flashback

Säen und Ernten

Wenn scheinbar unwichtige Details en passant im Text erzählt werden, die später eine Bedeutung gewinnen, spricht man von »Säen und Ernten«. Der Autor sät Andeutungen, die er später in Form von Lösungen erntet. Der Leser liest die Andeutung, hält sie aber nicht für wichtig. Erst in dem Moment, wenn sie wieder auftauchen, erkennt er ihre Bedeutung.»Ach ja«, sagt er sich,»das hätte ich wissen können!« Die Kunst ist es, diese Andeutungen so zu setzen, dass der Leser ihre wahre Bedeutung nicht erkennt, sich aber später dennoch erinnert.

Im Krimi ist es das Detail, das jemand neben zahlreichen anderen in der Vernehmung erzählt und das später dazu dient, den Mörder zu überführen.

Säen und Ernten ist ein wenig wie Zaubern. Wir lenken den Blick des Lesers ab, spielen ihm vor, etwas anderes sei jetzt wichtig, und während er wegschaut, springt das Kaninchen aus dem Hut.

Schneeflockenmethode

Die Schneeflockenmethode stammt von dem Romanautor Randy Ingermanson, mit ihr können Romane entwickelt werden.

http://www.schriftsteller-werden.de/kreatives-schreiben/wie-du-einen-roman-schreibst-die-schneeflocken-methode-1/

Schreibblockade

Manche Autoren kennen sie gar nicht, andere leiden ständig darunter. Oft ist es der lautstarke innere Zensor, der dem armen Autor immer erklärt, dass das, was er gerade formuliert, absoluter Mist sei. Dabei hat der Herr meist recht. Trotzdem sollten Autoren nicht auf ihn hören, wenn sie die erste Version schreiben.

»Der erste Entwurf ist immer scheiße«, wusste schon Hemingway. Aber ohne diese Scheiße gibt es keine guten Geschichten.

»Einen schlechten Text kann man verbessern, ein leeres Blatt Papier nicht«, sagte der Bestsellerautor Titus Müller. Der innere Zensor kann extrem nützlich sein, er sorgt dafür, dass der Autor sein Bestes gibt. Während des Schreibens sollte der innere Zensor aber den Mund halten – sonst folgt die Schreibblockade.

Setting (Hintergrund)

Das Setting (der Hintergrund) legt das Umfeld, den Hintergrund der Geschichte fest. Ist es das London des neunzehnten Jahrhunderts, in dem Jack the Ripper durch die Straßen schleicht? Eine abgelegene Raumstation im Wega-Sektor? Das Schloss eines Ritters des Mittelalters? Was immer es ist, es wird Ihre Geschichte prägen. Verweben Sie die Figuren und die Handlung mit dem Setting.

Der Hintergrund einer Geschichte wird oft vernachlässigt, aber durch Zeit und Ort legt er fest, was in der Geschichte passieren kann und auch, wie die Personen denken und handeln. Ein Konsul aus dem alten Rom agiert anders als ein Raumfahrer der Zukunft oder ein Kripobeamter aus Wiesbaden.

Show, don't tell

»Show, don't tell« (Zeigen, nicht behaupten), das ist eine der wichtigsten, wenn nicht gar die wichtigste Regel beim Schreiben. Behaupten Sie nicht, dass Ihr Held Angst hat: »Siegfried hatte Angst vor Drachen.« Zeigen Sie es dem Leser, lassen Sie es ihn erleben. Geht er langsamer als sonst? Schaut er sich immer wieder um? Schreiben Sie möglichst konkret, wecken Sie im Leser Bilder. Das geht nicht mit Behauptungen und auch nicht mit allgemeinen, abstrakten Sätzen. Sondern nur durch anschauliche Schilderungen. Beobachten Sie selbst.

Nicht: »Es war Herbst geworden«, sondern: »Der Ahorn vorm Haus hatte die Blätter verloren und sah aus wie ein Mahnmal der Vergänglichkeit.«

Zeigen, nicht behaupten, lässt sich auch dadurch erreichen, dass man szenisch schreibt. Das ist allerdings keine Bedingung. Sie können auch narrativ schreiben und doch anschaulich bleiben statt abstrakt.

SPO-Sätze → Subjekt-Prädikat-Objekt-Stil

Spannungsbogen

Ein ganzer Roman, aber auch einzelne Szenen haben einen Spannungsbogen. Im Idealfall fängt dieser ruhig an, steigert sich dann, erreicht einen Höhepunkt, auf dem es mehrere Möglichkeiten gibt, und es um die wichtigste Frage der Szene oder des Romans geht und danach fällt die Spannung ab, meist sehr schnell.
Beim Cliffhanger endet der Spannungsbogen auf dem Höhepunkt und zeigt nicht, wie die Szene ausgeht.

Die sechs Stellschrauben der Spannung (Spannungslupe)

Der Thrillerautor Andreas Eschbach hat sechs Stellschrauben der Spannung (Spannungslupe) entwickelt, mit deren Hilfe Autoren nachprüfen können, an welchen Schrauben es liegen könnte, wenn ihr Text nicht spannend ist – und wo man nachkorrigieren müsste.
1. Orientierung: Der Leser muss orientiert sein, muss wissen, wo er sich befindet.
2. Unvorhersehbarkeit: Er darf aber nicht wissen, was als Nächstes passieren wird.
3. Intensität: Der Leser sollte der Figur möglichst nahe sein, ihre Gefühle intensiv spüren.
4. Glaubwürdigkeit: Je glaubwürdiger, »realer« eine Szene wirkt, desto mehr schlägt sie uns in ihren Bann.
5. Vorausdeutung: Dem Leser wird angedeutet, dass da noch etwas kommen wird – aber er weiß nicht was.
6. Angemessene Sprache: Es gilt, dem Leser das Lesen so leicht wie möglich zu machen und die angemessenen sprachlichen Mittel einzusetzen.

Eine ausführliche Darstellung der Stellschrauben finden Sie in dem Interview mit Andreas Eschbach in Abschnitt V. Zum

Thema gibt es auch einen Seminarbericht auf meinen Seiten (http://www.textkraft.de/spannung.html).

Subgenre

Das Subgenre ist eine Verfeinerung des Genres. Beim Krimi gibt es zum Beispiel die Subgenres Whodunit, Regiokrimi, historischer Krimi, um nur ein paar zu nennen. Das Subgenre legt auch die Zielgruppe eines Romans fest.

Subjekt-Prädikat-Objekt-Stil

Ein Stil, der nur SPO-Sätze (Subjekt, Prädikat, Objekt) benutzt, heißt SPO-Stil. Natürlich kann ein solcher Stil auf Dauer ermüdend wirken, da er immer im gleichen Ton erzählt.

Subtext

Subtext ist das, was zwischen den Zeilen steht, was sich der Leser erschließen muss und erschließen darf. Vor allem in Dialogen ist der Subtext wichtig, er ist das, was die Sprecher nicht sagen wollen, aber meinen. Witze arbeiten oft mit Subtext.
Der Mann kommt nach Hause, sieht seine Frau, die im Kochbuch blättert. »Warum liest du Kochbücher«, sagt er, »du kannst doch gar nicht kochen!« »Du schaust dir ja auch Sexfilme an«, antwortet die Frau.
Gesprochen wird nur über Kochbücher und Sexfilme, aber der Witz liegt darin, was die Frau nicht sagt: Du bist eine Niete im Bett. Und der Leser erhält eine ziemlich gute Vorstellung von der Beziehung der beiden, obwohl nichts über die Beziehung im Text steht.

Szenenfolge

Jeder Roman besteht aus Szenen, die in einer bestimmten Anordnung aufeinanderfolgen. Das muss nicht der tatsächlichen Zeitfolge entsprechen. Aber die Folge der Szenen ist wichtig für den Roman.

Deshalb lohnt es sich, diese Szenenfolge schriftlich festzuhalten.

Manche Autoren stellen die Szenenfolge an den Anfang ihrer Arbeit, legen also fest, welche Szenen wann im Roman auftauchen, bevor sie überhaupt ans Schreiben gehen. Umgangssprachlich nennt man diese Kopfschreiber im Gegensatz zu den Bauchschreibern, bei denen sich die Struktur und Szenenfolge erst im Laufe des Schreibens entwickelt.

Szenisches Erzählen

Szenisches Erzählen schildert eine Geschichte in Szenen. Der Autor sagt nicht: »*Der Mörder erschoss den einzigen Zeugen*«, sondern schildert uns, wie das geschieht:

Jack zog den Perlonstrumpf über das Gesicht. Dann zückte er seine Pistole. Er hob die linke Faust und donnerte gegen die Tür. »*Aufmachen, Polizei*«, *rief er.*

Das Gegenteil vom szenischen Erzählen ist narratives Erzählen, das keine Szenen und Dialoge enthält. In Romanen wird meist szenisch erzählt, dennoch hat so gut wie jeder Roman auch narrative Stellen. Unwichtige Ereignisse, Nebenhandlungen müssen nicht zu Szenen ausgewalzt werden, sonst werden sie langatmig, lenken den Leser ab und langweilen ihn. »*Er holte Zigaretten*«, ist völlig ausreichend. Welche Farbe der Automat hat, wie der Held das Geldstück einwirft und welche Marke er wählt, ist unwichtig.

Aber auch narratives Erzählen sollte möglichst anschaulich sein. Denn hier gilt ebenfalls der Satz »Show, don't tell.«

Testleser

Viele Autoren geben ihre Texte zuerst Testlesern. Das sind manchmal Lektoren, manchmal andere Autoren, manchmal die Ehegatten. Testleser geben Rückmeldungen, wo die Geschichte hängt, wo der Autor zu viel oder zu wenig erzählt hat, wo es Logikfehler gibt.

Text-ÜV

Andreas Eschbach hat diese Methode entwickelt, mit der sich Texte überarbeiten lassen. Damit lässt sich der Stil eines Textes effizient überarbeiten und straffen. Zum Text-ÜV: http://www.andreaseschbach.de/schreiben/10punkte/10punkte.html

The Tempest

The Tempest ist ein kostenloser Autorennewsletter des Autorenforums (www.Autorenforum.de). Sie können diesen Newsletter abonnieren und erhalten ihn dann jeden Monat mit meiner neuesten Kolumne, in der ich Szenen und Texte unveröffentlichter Autorinnen und Autoren bespreche und kommentiere.

Timeline

Die Timeline beschreibt die zeitliche Abfolge der Szenen und legt für jede Szene fest, wann sie passiert. Datum und Uhrzeit dienen dazu, den Verlauf der Geschichte zu kontrollieren. Wenn der Held am Abend auf dem Münchener Oktoberfest feiert und am nächsten Morgen in einem abgelegenen Dorf in den Rocky Mountains ankommt, haben Sie ein Problem. Es sei denn, er ist im Besitz eines Überschalljägers.

Anhand der Timeline können Sie die zeitlichen Ereignisse kontrollieren. Sie sollten passen, aber auch nicht zu weit auseinanderliegen. Bei Thriller und Krimi lohnt es sich, die Geschichte in möglichst kurzer Zeit ablaufen zu lassen, das setzt Protagonist und Antagonist unter Druck. Schon Homer hat seine Ilias auf wenige Wochen beschränkt, obwohl der gesamte Trojanische Krieg sich über mehr als zehn Jahre hinzog.

Sie können die Timeline in die Szenenfolge integrieren, indem sie zu jeder Szene Datum und Uhrzeit notieren.

Treatment

Ein Treatment ist eine sehr ausführliche Darstellung eines Projekts und wird vor allem im Film für Drehbücher benutzt. Es ist ausführlicher als eine Szenenfolge, weil es einzelne Szenen anreißt.

Trickster

Der Trickster, auch Gestaltwandler genannt, ist eine schillernde Figur in einem Roman. Er lässt sich nicht festlegen, er ist immer für Überraschungen gut, der Leser kann nie sicher sein, ob er zum Helden oder zum Bösewicht hält und oft ändert sich das auch während der Geschichte. Manchmal ist ein Trickster von überraschender Größe, dann wieder gemein und niederträchtig. Sie sind das Salz in der Suppe. Odysseus, aber auch Hannibal Lecter sind bekannte Trickster.

Twist → Plotpoint

U-Literatur

Abkürzung für Unterhaltungsliteratur (U). Damit sind unterhaltende Werke im Unterschied zur ernsten Literatur (E) gemeint. Früher rümpften Bildungsbürger über Unterhaltung die Nase, und das Feuilleton bezeichnete sie als »Schmutz und Schund«. Das hat sich heute geändert.

Manchmal wird behauptet, dass es im Angelsächsischen diese Spaltung zwischen E und U nicht gäbe. Allerdings taucht sie bei Stephen King und anderen Autoren auch immer wieder auf. Das Phänomen E und U scheint weltweit verbreitet zu sein.

Unsicherheit

Autoren sind Meister der Unsicherheit. Wenn der Leser weiß, wie es weitergehen wird, legt er das Buch beiseite. Deshalb halten Autoren alle Möglichkeiten offen. Wird der Kommissar den Täter überführen, obwohl alle ihm Hindernisse in den Weg legen? Werden Romeo und Julia zusammenkommen, obwohl die Familien verfeindet sind? Wird Frodo das Feuer des Schicksalsbergs erreichen, obwohl Orks, Nazgul und auch Spinnen hinter ihm her sind? Um die Unsicherheit aufrechtzuerhalten, lassen geschickte Autoren immer wieder unterschiedliche Vorahnungen aufscheinen. Mal sieht die Sache aussichtslos aus, dann wieder denkt der Leser: »Hach, geschafft!« und jedes Mal kommt es anders, als vermutet.

Urheberrecht (Copyright)

Das Urheberrecht legt fest, dass jeder Verfasser eines Textes darüber bestimmen kann, wo dieser Text erscheint und wie er genutzt werden darf. Der Urheber kann die Nutzungsrechte an einen Verlag abtreten, der den Text druckt und dem Verfasser Honorar zahlt. Damit sichert es dem Autor zu, dass seine Arbeitsleistung vergütet wird.

Copyright und Urheberrecht werden meist in gleicher Bedeutung verwendet, allerdings unterscheidet sich das amerikanische Copyright in wichtigen Punkten vom deutschen Urheberrecht.

Verknüpfen → Braiden

Vita → Autorenvita

Vorahnung

Vorahnungen gehören zum ‚Säen und Ernten'. Sie deuten etwas an, das erst später erzählt wird, dessen Bedeutung dem Leser erst später klar wird.

Die plumpe Form einer Vorahnung geht so: »Dass das ganz furchtbar werden würde, ahnte er in diesem Moment nicht.« Hier wird nicht angedeutet, sondern einfach behauptet. Der Leser durchschaut das Kunststück, sieht den Zeigefinger des Autors und reagiert wie auf einen Zauberkünstler, der ihm sagt:

»Bitte, liebes Publikum, schau mal weg von dem Zylinder, weil ich da einen Trick vorbereite.«
»Er winkte ihm zu, als er davonfuhr. Das sollte das letzte Mal sein, dass er ihn lebend sah«, wäre eine elegantere Form. Sie verrät etwas (er sieht seinen Bruder nie lebendig wieder), aber nicht alles und lässt deshalb Fragen offen. (Wann stirbt er? Warum sieht er ihn nie wieder?)

Wendepunkt → Plotpoint

Wiederholungen

Wenn sich Elemente wiederholen, kann das schnell langweilen. Wird der Detektiv jedes Mal an der Ecke beim Zigarettenautomaten mit der Pistole bedroht und jedes Mal taucht genau im richtigen Moment sein Assistent auf, gähnt der Leser beim dritten Mal.

Ähnliches gilt auch für stilistische Wiederholungen. Wer jeden Satz mit »Aber« beginnt, wer in jeder Zeile das Wort »furchtbar« verwendet, verjagt schnell Leser.

Aber Wiederholungen können auch ein Mittel sein, um eine besonders eindrückliche Wirkung zu erzeugen.

Whodunit

Der Whodunit ist ein Subgenre des Kriminalromans, in dem der Konflikt die Suche nach dem Mörder ist. Traditionell beginnt er mit einem Mord, führt dann über verschiedenste Ermittlungen mit Erfolgen, Misserfolgen und falschen Spuren (Red Herring) zur Entlarvung des Täters.

Ziel einer Figur

Jede Figur hat ein Ziel, etwas, das ihr sehnlichster Wunsch ist, für das sie alles geben würde. Ganz wichtig sind die Ziele des

Protagonisten und des Antagonisten im Roman. Sie sollten gegensätzlich sein, sonst gibt es keinen guten Konflikt.

Zielgruppe

Die Zielgruppe umfasst alle Leser, die für ein bestimmtes Buch infrage kommen. Genre und Subgenre legen die Zielgruppe fest. Generationen von Marketingfachleuten haben sich die Köpfe darüber zerbrochen, wie sich eine klare Voraussage über mögliche Zielgruppen machen lässt, aber bisher keine Ergebnisse erzielt, die über das Genre hinausgehen. Ein Krimi hat die Zielgruppe aller Krimileser, ein Regiokrimi alle Krimileser aus einer bestimmten Region.

Zwölf Lösungen

»Zwölf Lösungen« ist eine Technik aus dem Brainstorming, die Autoren hilft, unerwartete Wendungen zu entwickeln. Wenn Ihnen nur das einfällt, was jeder erwartet, und Sie nicht wissen, was als Nächstes passieren könnte, dann nehmen Sie ein Blatt Papier und schreiben möglichst schnell zwölf mögliche Ereignisse auf. Denken Sie nicht darüber nach, was Sie schreiben, bewerten Sie es nicht. »Das ist absurd«, dieser Gedanke hat hier nichts verloren und sollte Sie nicht hindern, das Ereignis aufzuschreiben.

Der Mann im Mond gibt dem Kommissar einen Tipp, wer zur Mordzeit im Wald war? Kein Problem, schreiben Sie es auf. Vielleicht kommt in Ihrem Krimi ein Mondsüchtiger vor oder ein Astronom, der zur Tatzeit die Sterne beobachtete und jetzt den Mörder erpresst, weil er ihn beobachtet hat?

Zeigen, nicht behaupten → Show, don't tell

Literaturverzeichnis

Bücher, die sich dem Thema »Spannung im Roman« widmen, gibt es in Deutschland nur wenige:

Patricia Highsmith, Suspense oder wie man einen Thriller schreibt, Diogenes, ISBN 978-3257242034
Auch wenn das Buch der Altmeisterin bereits etliche Jahrzehnte alt ist, lohnt sich das Lesen.

Diana Hillebrand, Spannungsaufbau, Dotbooks Verlag, E-Book, ISBN 978-3-95520-710-6
Viele Tipps zu Spannung und Spannungsaufbau, unterhaltsam formuliert.

Christian Schärf, Spannend schreiben – Krimi, Mord- und Schauergeschichten, Bibliografisches Institut, ISBN 978-3411754366
Sehr wissenschaftlich und theoretisch, beschäftigt sich vor allem mit älterer Krimi- und Horrorliteratur.

Francis Truffaut, Mr. Hitchcock, wie haben Sie das gemacht?, Heyne, ISBN 3-453-02983-6
Francis Truffaut interviewte in diesem Buch den Altmeister des Suspense.

Manche Schreibratgeber behandeln neben anderen Themen auch die Spannung. Einige zähle ich hier auf:

Spannung und Plot

James Scott Bell, Write Great Fiction – Plot and Structure, ISBN 978-1582972947
Standardwerk, das ausführlich und leicht verständlich die wichtigsten Elemente bei Plot und Struktur von Romanen behandelt.

Sylvia Englert, So lektorieren Sie Ihre Texte, Autorenhaus, ISBN 978-3866711051
Gutes Handbuch für die Überarbeitung.

Randy Ingermanson, How to Write an Novel Using the Snowflake Method, DitDat Inc, ISBN 978-1500574055
Wie man einen Roman mit der Snowflake Methode entwickelt. Ungeheuer witzig und unterhaltsam geschrieben, leider nur auf Englisch erhältlich

McKee, Story – Die Prinzipien des Drehbuchschreibens, Alexanderverlag, ISBN 978-3895810459
McKee untersucht anhand zahlreicher Beispiele, warum Filme funktionieren. Auch für Romanautoren höchst interessant.

Hans Peter Roentgen, Drei Seiten für ein Exposé, Siebenverlag, ISBN 978-3940235909
Diskutiert an zahlreichen Beispielen, warum Exposés funktionieren oder scheitern.

Christian Vogler, Die Odyssee des Drehbuchschreibers, Autorenhaus, ISBN 978-3861508410, Printausgabe, zur Zeit vergriffen, kein E-Book
Christian Vogler hat aus der Mythenforschung eine Struktur der großen Mythen übernommen, denen alle die »Heldenreise« zugrunde liegt. Das Modell wird gerne für Thriller, klassische Fantasygeschichten und Abenteuergeschichten verwendet.

Cathy Yardley Wilson, Rock Your Plot. A Simple System for Plotting Your Novel, E-Book (englisch)
Kurzes Nachschlagewerk, das alles auflistet, was bei Plot und Dramaturgie wichtig ist.

Allgemeine Ratgeber

Syd Field, Das Handbuch zum Drehbuch, Verlag Zweitausendeins, ISBN 978-3861500353,
Bietet eine ausführliche Diskussion der Struktur eines Drehbuchs, mit vielen Beispielen, auch für Romanautoren sehr nützlich, aber leider vergriffen. Das englische Original »The Screenwriter's Workbook« ist immer noch erhältlich.

James N. Frey, Wie man einen verdammt guten Roman schreibt, Autorenhaus, ISBN 978-3924491321
Sehr motivierendes Buch über das Schreiben, manchmal arg dogmatisch, und Freys Interpretation von »Prämisse« ist sehr umstritten. Dennoch empfehlenswert.

Diana Hillebrand, Heute schon geschrieben?, Dotbooks & Weltbildverlag
Diana Hillebrand hat eine fünfzehnbändige Broschürenreihe zu allen Themen des Schreibens herausgegeben, gut zu lesen und mit vielen Beispielen.

Mara Laue, Von der Idee zum fertigen Text, Sieben Verlag, ISBN 978-3864434198
Mara Laue gibt einen Überblick über alle Themen rund um das Schreiben. Das Buch enthält ein eigenes, sehr empfehlenswertes Kapitel über Spannung.

Michael Peinkofer, Das Zauberer-Handbuch, Piper, ISBN 978-3492267915

Hans Peter Roentgen, Vier Seiten für ein Halleluja, Sieben Verlag, ISBN 978-3940235367
Ein Buch über die ersten vier Seiten verschiedenster Autorinnen. Diskutiert an zahlreichen Beispielen, warum manche Texte funktionieren und andere nicht.

Sol Stein, Über das Schreiben, Autorenhausverlag, 978-3866711266
DAS Standardwerk über das Schreibhandwerk mit vielen nützlichen Beispielen und Tipps. Leider war es oft vergriffen, jetzt bringt der Autorenhausverlag es wieder heraus. Wer genügend Englisch kann, kann sich auch die englische Originalversion »Stein on Writing« besorgen.

Linklisten

Foren

Heute gibt es viele Foren für Autorinnen und Autoren, so dass ich hier nur eine kleine Auswahl bieten kann:

42er Autorenforum, http://forum.42erautoren.de/wbb3/index.php?page=Portal

Autoren – und solche, die es werden wollen, https://www.facebook.com/groups/258910490844267/?fref=ts

Autorenwelt, http://www.autorenwelt.de/

Deutsches Schriftstellerforum, http://www.dsfo.de/

Federfeuer, http://www.federfeuer.de/

Ich mach was mit Büchern, https://www.facebook.com/wasmitbuechern?fref=ts

Leipziger Autorenrunde, https://www.facebook.com/groups/autorenrunde/?fref=ts

Montsegur Autorenforum, http://autorenforum.montsegur.de/cgi-bin/yabb/YaBB.pl

Mystorys, http://www.mystorys.de/

Autoren über das Schreiben

Philipp Bobrowski betreibt einen Lektorenblog: http://lektorphilipp.wordpress.com/

Andreas Eschbachs Seite über das Schreiben sollte jeder angehende Autor kennen: http://www.andreaseschbach.de/schreiben/schreiben.html

Nicola Hahn bietet eine Schreibwerkstatt an: http://www.nikola-hahn.de/

Jurenka Jurk betreibt eine eigene Schreibschule: http://www.schreibfluss.com/

Petra Schier hat auf ihrer Seite ebenfalls viele Tipps für Autoren, unter anderem auch eine Liste von Literaturagenten: http://www.petralit.de/html/tipps.html

Lea Korte hat auf ihrer Seite Tipps für Autoren und bietet auch Online-Kurse an: http://www.online-autorenkurse.de/

Mattias Matting hat einen lesenswerten Artikel über Spannung in seiner Selfpublisher-Bibel veröffentlicht: http://www.selfpublisherbibel.de/autoren-tipp-wie-kommt-spannung-in-eine-geschichte/

Zoë Beck gibt im Crimemag Tipps zum Schreiben: http://culturmag.de/crimemag/zo-becks-schreibtipps/76392

Der Autor Randy Ingermanson hat die Schneeflockenmethode entwickelt, Jacqueline Vellguth hat seinen Artikel übersetzt: http://www.schriftsteller-werden.de/kreatives-schreiben/wie-du-einen-roman-schreibst-die-schneeflocken-methode-1/

Mittlerweile bieten auch viele andere Autorinnen und Autoren auf Ihren Homepages Tipps zum Schreiben. Schauen Sie einfach mal bei Ihren Lieblingsautoren vorbei.

Workshops und Seminare

Schreibworkshops und Seminare gibt es viele. Die Qualität hängt oft weniger vom Veranstalter ab als von der Qualität des Kursleiters. Solche Seminare können motivieren, man lernt eine Menge. Aber man sollte nicht glauben, dass man auf solchen Seminaren »entdeckt« wird, dass die Kursgebühr eine Eintrittskarte in die Welt der Verlage enthält.

Bundesakademie Wolfenbüttel, http://www.bundesakademie.de
Die Bundesakademie ist Urgestein der Schreibworkshops, sie ist seit über fünfzehn Jahren auf diesem Gebiet aktiv und bietet zahlreiche Kurse mit bekannten Autoren an.

Bastei-Lübbe Akademie, http://www.bastei-luebbe-academy.de/
Die Verlagsgruppe Bastei-Lübbe hat eine eigene Schreibakademie in Köln gegründet. Geleitet von den Lübbe-Lektoren Ann-Kathrin Schwarz und Jan F. Wielpütz bietet diese Academy zahlreiche Kurse vor allem von Bastei-Lübbe-Autoren an. Die Kurse sind allerdings nicht billig.

Edition Oberkassel, http://www.eo-akademie.de/
Der Verleger und Autor Detlev Knut bietet zahlreiche Seminare mit bekannten Autorinnen und Autoren an.

Ideenreich – der Kreativhof, http://www.ideenreich-kreativhof.de/
Bietet Kurse mit Sina Beerwald, Thomas Finn, Markus Heitz Boris Koch und anderen.

Romanmentoren, http://www.romanmentoren.de/
Die Autorin Kathrin Lange hat eine eigene Autorenfortbildung gegründet, sie wurde durch »Plotten für Chaoten« bekannt.

Schreibfluss ist die Schreibschule der Autorin Jurenka Jurk: http://www.schreibfluss.com/

Textmanufaktur, http://www.text-manufaktur.de/
Der Verleger und Lektor André Hille hat diese Akademie gegründet, die mittlerweile Kurse an verschiedenen Standorten anbietet.

Zeitschriften und Newsletter

Federwelt, Zeitschrift für Autorinnen und Autoren, http://www.uschtrin.de/produkte/weiteres/federwelt

Textart-Magazin – Magazin für kreatives Schreiben, http://www.textartmagazin.de/

The Tempest, der Newsletter rund ums Schreiben, http://www.autorenforum.de/

Writer´s Digest, amerikanische Autorenzeitschrift, http://www.writersdigest.com/

Danksagung

Andreas Eschbach war einer der Ersten in Deutschland, der zu dem Thema Spannung einen Workshop in Wolfenbüttel angeboten hatte und dem ich viele Erkenntnisse in diesem Buch verdanke. Er hat mir auch den Titel »Spannung – der Unterleib der Literatur« zur Verfügung gestellt und ein Interview beigesteuert, danke, Andreas, für alles.

Zoë Beck, Rebecca Gablé, Nina George und Ursula Poznanski haben ebenfalls geduldig meine Fragen beantwortet; Zoë Beck, Rebecca Gablé, Nika Lubitsch und Jordis Lank haben mir erlaubt, ihre Szenen abzudrucken und zu besprechen. Nicht zu vergessen die Verlage Bastei-Lübbe und El Gato, die ebenfalls ihr okay dazu gegeben hatten. Ihnen allen herzlichen Dank.

Diana Itterheim hat das Manuskript gelesen, mich auf zahllose Probleme darin aufmerksam gemacht hat und hatte die Idee mit der EKG-Linie auf dem Cover, herzlichen Dank Diana. Ramona Roth-Berghofer hat mir wertvolle Tipps zum Aufbau und zur Einleitung gegeben. Brunhilde Witthaut hat es ebenfalls gelesen und einen ersten Durchlauf der Korrektur gemacht, danke Brunhilde und Ramona.

Gabi Neumayer, die Chefredakteurin des Tempests und Rechtschreibexpertin, hat den Entwurf nochmals auf Fehler abgeprüft und zahlreiche weitere Probleme und Unklarheiten gefunden. Danke Gabi.

Sylvia Görnert-Stuckmann hat das Manuskript auf dem Kindle getestet und dabei noch einige Link- und Schreibfehler entdeckt, vielen Dank, Sylvia.

Mitglieder des Montsegur-Forums haben in den Textkritiken meinen Entwurf kommentiert und mir Hinweise zur Verbesserung gegeben. Nicht zu vergessen die unzähligen Autorinnen und Autoren, die mit mir Texte diskutiert und mir ihre Texte zum Lektorieren geschickt haben. Ohne euch wäre dieses Buch nicht möglich gewesen. Euch allen möchte ich ganz besonders herzlich danken.

Über den Autor

Hans Peter Roentgen ist Jahrgang 1949, Diplom-Informatiker, hat lange in der Computerbranche gearbeitet und dabei zwei Sachbücher geschrieben.

Seit über zwanzig Jahren beteiligt er sich an Schreibseminaren und Diskussionsforen. Beim größten deutschen Autorennewsletter »The Tempest« war er von Anfang an dabei. Viele Jahre arbeitete er regelmäßig in den wöchentlichen Textkritiken der Autorengruppe 42er und in den Textdiskussionen des Literaturforums Südwest mit.

Daraus entstanden zwei Schreibratgeber:
»Vier Seiten für ein Halleluja« und »Drei Seiten für ein Exposé«.

Er coacht Autoren, lektoriert und beurteilt die Texte von Nachwuchsautoren. Für die Marburger Literaturkritik, für www.literature.de und Literatur-fast-pur (http://www.literatur-fast-pur.de/HP/3hp_rezis.html) hat er über 500 Bücher besprochen. Im »Tempest« interviewt er Autoren, Lektoren und Literaturagenten, darunter Andreas Eschbach, Sebastian Fitzek und Ursula Poznanski, und bespricht die ersten vier Seiten und Exposés von Lesern.

Er ist Mitglied im Verband deutscher Schriftsteller (VS), im Syndikat (Verband deutschsprachiger Krimischriftsteller) und im Autorenforum Montségur.

Mit seiner Frau wohnt er hoch über den Dächern Freiburgs.

Homepage: http://www.hproentgen.de

Lektorate & Kurse

Hat Ihnen dieses Buch gefallen? Sie können bei mir auch ein Schnupperlektorat buchen, das umfasst die Bearbeitung und Korrektur von 4 Normseiten (max. 7.000 Anschlägen). Infos finden Sie unter: http://www.hanspeterroentgen.de/schnupperlektorat.html.

Oder möchten Sie Ihr Exposé begutachten und überarbeiten? Ich biete Exposédiskussionen an, Infos unter: http://www.hanspeterroentgen.de/exposediskussion.html.

Wer lieber im realen Raum an Texten und Exposés arbeiten möchte, kann in einem meiner Workshops mit anderen Autoren an den eigenen Werken arbeiten: http://www.hanspeterroentgen.de/workshops.html.

Weitere Angebote und Kurse finden Sie auf meiner Homepage: http://www.hanspeterroentgen.de.

Weitere Bücher des Autors

Vier Seiten für ein Halleluja

Vier Seiten, mehr lesen Verlagslektoren von unverlangt eingesandten Manuskripten nicht, so die Klage abgelehnter Autoren. Verlagsborniertheit? Nein, Profis können tatsächlich nach den ersten Seiten sehen, woran ein Text krankt. Da wird zu viel erklärt, oder die Personen bleiben blass, oder der Text ist mit Adjektiven überladen oder ... Wenn solche Probleme in einem Text auftauchen, wird der Lektor ihn schnell beiseitelegen. Probleme, die auf den ersten vier Seiten auftreten, setzen sich nämlich in aller Regel im Rest des Manuskripts fort.

Stimmen zum Buch
»Statt trockener Theorie nimmt Hans Peter Röntgen die ersten vier Seiten von Geschichten und analysiert diese auf eine sehr unterhaltsame Art auf Fehler oder Verbesserungsmöglichkeiten.« Bestsellerautor Christoph Hardebusch (»Die Trolle«, »Sturmwelten«)
»Brillante Idee, großartig umgesetzt.« Tom Liehr (»Geisterfahrer«, »Radio Nights«)
»Es macht Spaß, ‚Vier Seiten für ein Halleluja' zu lesen, niemals langatmig, oft habe ich breit gegrinst.« Sabina Lorenz, Autorin (»Die Fremde ist ein Ort«)
»Jedem, der wissen will, woraus ein gutes Handwerk besteht und wie es funktioniert, kann ich diesen Schreibratgeber sehr empfehlen.« Olga A. Krouk (»Staub zu Staub«)

Leseprobe
(http://www.sieben-verlag.de/leseproben/92/92.pdf)

Bibliografische Angaben: Vier Seiten für ein Halleluja
Sieben Verlag, ISBN 978-3940235367

Drei Seiten für ein Exposé

Exposés sind das Fegefeuer der Autoren. Leichter quetscht man einen Elefanten durch ein Nadelöhr, als dass man einen 400-Seiten-Roman auf drei Seiten Exposé eindampft. Hier erfahren Sie, wie Sie ein Exposé schreiben, es verbessern und für Ihren Roman nutzen, um Schwachstellen Ihrer Geschichte aufzuspüren. Was ein Kurzexposé und ein Pitch ist und was Sie an Verlage und Literaturagenten schicken müssen.

Zusätzlich:
– 15 Beispielexposés und wie man sie verbessert
– 6 erfolgreiche Exposés, die zu einem Verlagsvertrag führten, darunter eins von Titus Müller
– Sieben namhafte Literaturagenten verraten im Interview, was ihnen wichtig ist.

Endlich ein Buch, das Autorinnen und Autoren sagt, wie man Exposés schreibt!

Leseprobe (http://www.sieben-verlag.de/leseproben/91/91.pdf)
Weitere Informationen (http://www.textkraft.de/expose.html)

Bibliografische Angaben:
Drei Seiten für ein Exposé
Hans Peter Roentgen, Sieben Verlag
ISBN 978-3940235909, 200 Seiten

Schreiben ist nichts für Feiglinge

In zwanzig Jahren hat Hans Peter Roentgen auf zahlreichen Seminaren und Treffen, in Foren und Diskussionszirkeln Autoren kennengelernt, die alle eins verband: Sie hatten keinen Verlag. Doch im Laufe der Jahre änderte sich das. Einige konnten sogar Bestsellerkarrieren starten. Wie es dazu kam, die unterschiedlichen Wege zur Veröffentlichung, schildert er hier.

Auch wie Verlage arbeiten, welche Bedeutung Online-Rezensionen haben und das Feuilleton, wie Verlage zu neuen Autoren kommen, wo und wie sich Bücher verkaufen, kurz: alles Wissenswerte rund um den Buchmarkt.

Mit Interviews bekannter Verlagslektoren, Literaturagenten und Betreiber von Internetforen.

Schon die ersten beiden Bände des Autors –»Vier Seiten für ein Halleluja« und »Drei Seiten für ein Exposé« – haben sich zu Standardwerken entwickelt. An vielen Beispielen echter Anfängertexte erklärt Hans Peter Roentgen, wie man Probleme in Texten erkennt und sie beseitigt.

Bibliografische Angaben
Schreiben ist nichts für Feiglinge – Buchmarkt für Anfänger
Hans Peter Roentgen, Verlag: Sieben Verlag
Printbuch: ISBN-13: 978-3864431197, 208 Seiten

Leseprobe: (http://www.textkraft.de/mediapool/118/1182949/data/Leseprobe.pdf)
Weitere Informationen: (http://www.textkraft.de/buchmarkt.html)

Index

A Song of Ice and Fire 68
Allwissender Erzähler 81, 188
Altsteinzeit 12
Andreas Eschbach 6-7, 16, 132, 145, 154
Angst des Autors vor dem Stoff 188
Antagonist 32, 37-39, 46, 52, 136, 138, 143, 151, 160, 168, 180, 185, 188, 197
antagonistischen Kräften 52
Auktoriale Perspektive 189
Autorenvita 189
Bauchschreiber 126, 189
Bösewicht 32, 190
Braiden 190
Buddenbrooks 140
Cliffhanger 72, 190
Copyright 202, 211
Dashiell Hammett 16
Der siebte Tag 115
Dialog 191
Distanz 40, 81, 167, 191, 196, 201
Drei-Akt-Modell 192, 198
Drei-Akt-Struktur 26
Dystopie 55, 98, 192
E-Literatur 193-194
Edgar Allen Poe 16
Erzählstimme 193
Es 68
Exposé 193-194, 216, 225-226, 228-229

Faust 14, 32, 137, 180
Flashback 194
Genre 147, 150, 153, 160, 165-166
Gestaltwandler 172-173, 194, 210
Goethe 14, 125
Gretchen 14
Held 24, 39, 47, 67, 138, 173, 188, 194
Hintergrund 99, 194
Hiobs Brüder 8
Homer 14, 46, 135
Hook 138, 195
Ich-Erzähler 28, 75, 81, 92, 195
Ich-Perspektive 68
Infodump 28, 81, 195
inneren Zensor 29
Jordis Lank 118
Kameraeinstellung 196
Kehlmann 14
Kitsch 15, 196
Klischee 82, 165, 196
Konflikt! 12
Konflikt 197
Kopfschreiber 140, 197
Kunstfreiheit 197
Kurzexposé 198
Lexikonartikel 28
Log-Liner 198
Macbeth 137-138, 202
Martin, George R. R. 68
Midpoint 139
Motiv 46, 199
multipersonale Perspektive 68, 199
Narratives Erzählen 199

Nebenplot	199	Spannungslupe	132
Nika Lubitsch	115	Stephen King	27, 68, 128, 189
Nina George	6, 146, 169	Subgenre	207
Normseite	200	Subjekt-Objekt-Prädikat-Stil	208
One-Liner	200	Szenenfolge	130, 140, 208
Othello	39, 137	Tempest	6, 209
Personale Perspektive	67, 200	Testleser	128, 209
personalen Perspektive der dritten		Text-ÜV	145, 209
Person	68	Timeline	130, 140, 209
Persönlichkeitsrecht	57, 197, 200	Treatment	210
Perspektive	67, 201	Trickster	210
Pitch	201	Twist	202, 210
Plagiat	201	U-Literatur	210
Plot	202	Unsicherheit	13, 211
Plotpoint II	138	Urheberrecht	169
Plotpoints	145, 202	Ursula Poznanski	6, 146, 182
Prämisse	203	Verfolger	25
Prolog	203	Verknüpfen	190, 212
Protagonist	24, 39, 52, 203	Vita	212
Rätsel	12, 127, 204	Vorahnung	94, 211-212
Rauklands Sohn	118	Wendepunkt	174, 212
Raymund Chandler	16	Wenn es dämmert	111
Rebecca Gablé	8, 146, 163	Whodunit	127, 213
Red Herring	204	Wiederholungen	212
Romeo und Julia	26, 127, 137, 166	Zeigen, nicht Behaupten	15, 215
Rückblende	204	Zielgruppe	213
Schneeflockenmethode	205, 220	Zoe Beck	6, 146, 153
Schreibblockade	125, 196	Zwölf Lösungen	29, 213
Sechs Stellschrauben der Spannung	132, 154		
Setting	98, 205		
Shakespeare	12, 14, 166		
Spannungsbogen	12, 25-27, 36-37, 140, 147-148, 206-207		